DO PORÃO À MANSÃO

Uma história que te fará compreender que
nada é por acaso

CHRIS STORCK

DO PORÃO
À MANSÃO

Uma história que te fará compreender que
nada é por acaso

infinite
EDITORA

© 2023 Chris Storck
Editora Infinite
Barueri – SP – Brasil
falecom@editorainfinite.com.br
www.editorainfinite.com.br

1a edição – Outubro de 2023

Impresso no Brasil – *Printed in Brazil*

Publisher e Editora-chefe Elisangela Freitas

Editora Executiva Wilma Kelly Gomes

Coordenação de conteúdo Equipe Mazetti-Monteiro

Extração de conteúdo Thais Teixeira Monteiro

Preparação e Revisão de texto Thais Teixeira Monteiro

Diagramação Rogério Salgado

Capa Anderson Miranda

Todas as citações bíblicas e de terceiros foram adaptadas segundo o Acordo Ortográfico da Língua Portuguesa, assinado em 1990, em vigor desde janeiro de 2009.

Dados Internacionais de Catalogação na Publicação (CIP)

Storck, Chris

    Do porão à mansão / Chris Storck. –– Barueri, SP : Plataforma X, 2023.

    192p.

ISBN: 978-65-85748-11-7

1. Biografia. I. Título.

CDD-920.71

Sueli Costa - Bibliotecária - CRB-8/5213
(SC Assessoria Editorial, SP, Brasil)

Índices para catálogo sistemático:
1. Biografia   920.71

O conteúdo deste livro é de autoria exclusiva do autor e reflete suas opiniões e conhecimentos relacionados ao tema abordado, que não necessariamente representam as crenças ou valores da editora.

Eu acredito numa vida com propósito –
do dia em que você nasce até o dia em que parte
desta terra, *todas* as coisas têm um propósito.

Chris Storck

Eu dedico este livro à pessoa que está ao meu lado há 32 anos, Kamille, minha esposa e namorada desde que tinha 14 e eu 19 anos.

AGRADECIMENTOS

A Deus, em primeiro lugar, o meu Pai.

Àqueles que sempre estiveram presentes na minha vida, fazendo parte e contribuindo. Aos meus pais, irmãos, familiares e, em especial, à minha esposa, Kamille, e às minhas filhas, Laís e Sara.

Aos meus sogros, Itamar e Leida.

À minha mãe, Maria Luiza, por meio de quem tive grande aprendizado.

Ao meu pai, Odilon, que mesmo tardiamente é uma bênção na minha vida.

Ao Paulo Vieira e esposa, Camila, pois eles tiveram e continuam tendo grande importância para mim.

Aos amigos, familiares e profissionais que me apoiam nessa jornada pessoal e profissional.

Todos eles são um grande motivo e grande inspiração para que eu escrevesse este livro, contando aqui um pouco da minha trajetória, os fatos que fizeram com que hoje eu entendesse que todas as coisas cooperam para o bem daqueles que amam a Deus.

AGRADECIMENTO ESPECIAL

A vida nos reserva surpresas que nunca poderíamos imaginar viver. Em 2022, tive a oportunidade de conhecer o Sr. Altomir Cunha, presidente internacional da Adhonep, associação da qual tenho a honra de participar, em um jantar do Capítulo 12, em Campos dos Goytacazes/RJ. Nessa oportunidade, estavam presentes o Sr. Altomir, sua esposa, Rozane, e seu filho Matheus. Conversamos um pouco, eu me apresentei ao presidente, contei parte da minha história nesse jantar de negócios em meio a muitos empresários locais, amigos e familiares presentes. No final do evento, o Sr. Altomir se despediu de mim e disse algo que me marcou: "Vou te levar para contar essa história pelo Brasil e pelo mundo". E foi exatamente o que ele fez.

Minha história foi contada na revista A VOZ (edição 133), cujos exemplares são distribuídos de forma gratuita para mais de 110 países, com tradução em vários idiomas. Ele me deu a honra de ser o preletor principal do jantar da Convenção Internacional da Adhonep no Brasil que aconteceu no Rio de Janeiro em 2022, onde estavam presentes inúmeros empresários e autoridades renomadas. Convidou-me ainda para falar na Primeira Convenção da Adhonep nos Estados Unidos, na cidade de Orlando, evento que recebeu como preletor o renomado Pastor Benny Hinn. Hoje continuo rodando Brasil afora, contando parte da história que você, leitor, está prestes a ler neste livro.

Deixo aqui meu agradecimento especial ao Sr. Altomir Cunha pelo carinho de ter me recebido como um filho nessa associação e ter feito tão lindo prefácio para o meu livro.

Agradeço também a Sra. Rozane Cunha, sua família e todas as pessoas que fazem ou ainda farão parte da Adhonep.

Meu especial muito obrigado.

Chris Storck

SUMÁRIO

PREFÁCIO

embro-me de quando li pela primeira vez a história de vida do Chris Storck. Ele já era um membro ativo e dedicado na ADHONEP e, por isso e por suas tantas qualidades, eu o tinha em alta estima.

No entanto, quando sua biografia foi publicada na Revista A VOZ — publicação lançada a cada dois meses pela nossa Associação, com histórias de empresários e homens de destaque —, um movimento específico aconteceu dentro de mim e eu percebi que estava diante de fatos que iam além de uma vida com inúmeros momentos de superação; na verdade, cada linha de sua emocionante história revelava os detalhes de um poderoso plano divino que estava em curso.

Logo de início, veio ao meu coração o texto bíblico, registrado em Salmos 68:5, que diz que pai dos órfãos é o Senhor dos Exércitos. Para aqueles que cresceram sem a presença de um pai terreno, a ideia de um Pai Celestial pode parecer distante e até difícil de compreender. A ausência de um pai pode deixar um vazio profundo, uma lacuna emocional que parece impossível de ser preenchida e gerar traumas paralisantes.

Se esse for o seu caso, amigo leitor, saiba de uma coisa: mesmo nas sombras do abandono ou da perda, há uma verdade que brilha com uma luz inextinguível: você tem um Pai no céu, que o ama a ponto de tornar-se homem e entregar-se à morte para não ter que passar a eternidade distante de você. Você tem um Pai que o ama, desde antes de você nascer, com o maior amor do universo!

Descobrir a paternidade de Deus foi a chave que abriu as portas dos céus para Chris Storck e o conduziu pelo caminho que o trouxe até o seu ponto atual, tornando-o um homem íntegro, marido amado, pai estimado, amigo querido, profissional bem-sucedido, braço forte na ADHONEP e possuidor da vida extraordinária que Jesus conquistou para os filhos de Deus na cruz do Calvário.

A boa notícia é que os pormenores deste segredo estão sendo revelados a você agora, no decorrer das páginas deste livro, para que você segure as mãos de seu Pai Celestial e ouse sonhar alto, pois como diz Jesus em Mateus 7:11: "Se vocês, apesar de serem maus, sabem dar boas coisas aos seus filhos, quanto mais o Pai de vocês, que está nos céus, dará coisas boas aos que lhe pedirem". Vá ao seu Pai agora mesmo. Desfrute dos direitos e privilégios de ser filho de Deus!

Através da leitura deste livro, você descobrirá os benefícios de chamar o Criador de todas as coisas de "Pai", enquanto deleita-se em uma narrativa que transcende os limites da adversidade e ilumina o caminho para a esperança e a inspiração. À medida que se aprofunda nas experiências contadas nestas páginas, você será levado a um mundo onde os obstáculos são apenas oportunidades disfarçadas, e a força interior é a chave para vencer as tempestades mais violentas.

Que este livro não seja apenas uma leitura, mas uma experiência transformadora que o guie rumo a um futuro onde os benefícios de trilhar os caminhos divinos se tornem não apenas uma possibilidade, mas uma certeza. Que a história que você está prestes a ler seja mais do que uma narrativa, mas um lembrete poderoso de que, em face da adversidade, o espírito humano quando está em conexão com o Espírito de Deus é verdadeiramente invencível.

No amor de Cristo Jesus,

Altomir Regis Cunha

Presidente Internacional da ADHONEP

APRESENTAÇÃO

nicialmente, a escrita deste livro foi concebida como parte do processo no qual entrei após ter conhecido o Pablo Marçal. Eu comecei a fazer seu curso *O Pior Ano*, que incluiu o projeto da escrita de um livro, mas não consegui terminar nem um nem outro. No ano seguinte, minha maravilhosa e sábia esposa resolveu fazer *O Pior Ano* e me impulsionou a voltar.

Ainda assim, achei que novamente não iria conseguir finalizar o projeto do livro, pois estava com dificuldades até conhecer a Elis Freitas e seu método Master 27D, no qual recebi o auxílio que me permitiu dar seguimento ao processo. Dessa vez decidi e me obriguei a ir até o fim.

Se o motivo inicial da escrita deste livro foi o desafio lançado no curso mencionado, à medida que gravei os áudios que deram origem a estas páginas fui me conscientizando de um propósito maior: a missão de compartilhar o amor transbordante que tenho recebido do Pai e que não poderia guardar só para mim.

Acredito numa vida com propósito – do dia em que você nasce até o dia em que parte desta terra, *todas* as coisas fazem parte de um grande propósito. E entendi que tudo vivido por mim, além de ter contribuído para a formação de quem eu sou, serve para que hoje eu ajude pessoas a superar suas dores.

A vivência da paternidade de Deus mudou a minha vida interior e, consequentemente, a exterior; iluminou o porão da minha alma escura, tomada por rejeição, tristeza e dor, e fez dela uma mansão de amor, autoaceitação, paz, bondade, compaixão e cura. E assim como Deus tem feito conexões inimagináveis na minha vida, enviando pessoas-chave para me servirem de cura, sei que Ele deseja que eu seja instrumento de cura para outros. Eu fui *curado para curar*.

Por isso o meu desejo é que você seja profundamente convencido do quanto é amado(a) por

Deus – não apenas porque foi criado(a) por Ele, mas porque você é filho(a) – e de que tudo o que aconteceu e acontece na sua vida tem um propósito.

A ORIGEM

Minha história começou quando meu pai, um jovem dentista recém-formado em uma renomada faculdade, mudou-se para uma pequena cidade bucólica no interior do estado do Espírito Santo, Muqui, um lugar histórico, que abrigou escritores, atletas e intelectuais com projeção no estado e no país.

Ali meu pai exercia sua profissão e conquistava a admiração de um grupo seleto de mulheres. Ele era um alemão bonito, de olhos claros, e passava seus dias dedicado ao trabalho e envolvido em vários namoros. Em meio a esses relacionamentos, ocorreu um fato importante: ele foi acusado de ter abusado de uma menor. Como resultado, foi colocado em prisão domiciliar, restrito a sair para trabalhar e voltar para casa diariamente.

Minha mãe – uma mulher já madura, perto dos 30 anos – decidiu iniciar uma relação com ele com o objetivo de realizar um sonho: ela queria um fruto, um filho, e escolheu meu pai como quem escolhe um reprodutor para satisfazer seu anseio. Talvez tenham sido algumas noites de encontros sem compromisso, nos quais uma nova vida foi gerada.

Deixo claro que não a julgo, a maturidade me fez enxergar minha mãe como vítima de outras vítimas, pois ela passou por traumas e era doente.

Quando descobriu que estava grávida, contou ao meu pai, que, de modo previsível, não queria assumir o relacionamento, afinal estava envolvido em vários outros. Além disso, naquele momento ele enfrentava séria acusação pela qual fora até ameaçado de morte. O fato da cidade ser pequena obviamente o deixava muito exposto e estigmatizado.

Para completar, um amigo advogado informou ao meu pai que ele estava em uma situação muito difícil, porque um juiz iria para aquela comarca e prometeu que o caso não ficaria impune, ele seria preso. Foi então que, num ato de desespero, meu pai disse à minha mãe:

– Eu vou fugir para o Sul, mas gostaria que você me encontrasse na capital, em Vitória.

Porém, ela não quis ir porque em Muqui estava sua família, trabalho e amigos.

E meu pai fugiu para o sul do país.

CAPÍTULO 2

O SOBREVIVENTE

Os meses se passaram e minha mãe descobriu que não era um bebê, e sim dois. A partir de então, esperou ansiosamente o nascimento dos gêmeos. No momento do parto, feito em um hospital público de Vitória, um grande susto: os bebês estavam em forma de cruz. O primeiro foi tirado, mas o segundo tinha sido asfixiado pela anestesia e, por muito pouco, não veio a falecer; nasceu semimorto, durante alguns minutos não chorou nem respirou. Verdadeiramente por um milagre que só iria ser entendido muitos anos depois, o segundo bebê viveu.

O filho que nasceu primeiro teve o nome escolhido com muito zelo pela mãe, Christopher. O segundo não tinha nome ainda e ela disse para colocarem qualquer um, depois decidiu por Christiano. O que ela não sabia era que, junto com meu nome, eu estava recebendo um legado, pois o significado de Christiano é "seguidor de Cristo".

Conforme fomos crescendo, minha mãe fazia questão de registrar em fotos a beleza e os momentos mais relevantes dos filhos. Nós éramos motivo de grande orgulho e felicidade para ela, que desfilava empurrando o carrinho duplo de bebê, um luxo ao qual poucos tinham acesso, especialmente em uma cidade do interior na década de 1970. Mas minha mãe fazia questão de dar e comprar o que havia de melhor para nós. Afinal de contas éramos a realização do seu grande sonho. E ela era uma mulher aguerrida, que tinha decidido ter e criar os filhos com toda força, disposição e determinação de quem acreditava no próprio sonho.

O fato é que éramos a alegria da família. Nos frequentes passeios pela praça, nos piqueniques, chamávamos atenção pela beleza e por estarmos sempre bem-vestidos. Impecavelmente arrumada, minha mãe zelava por nós com muito amor e atenção, criava-nos de maneira esmerada e com orgulho nos apresentava às pessoas. Em datas festivas, chamávamos mais ainda a atenção, como no Carnaval, quando desfilávamos com fantasias, encantando a todos com nossa alegria e talentos na escola.

O fato de sermos gêmeos, filhos de mãe solteira (na época isso não era corriqueiro), professora, e de um dentista, fez com que nossa história se tornasse de conhecimento e interesse geral. Até porque a cidade era pequena e nosso nascimento trouxe muita felicidade à minha família materna, que também era conhecida, e as pessoas se alegravam junto e acompanhavam nosso desenvolvimento. Era um misto de admiração e fofoca.

A família da minha mãe era simples e humilde, com poucos recursos, porém tinha muito conhecimento e sabedoria. Meu avô era odontólogo e minha avó uma renomada professora reconhecida pela inteligência. Coincidentemente meus avós tinham a mesma profissão dos meus pais. Assim, os gêmeos eram uma referência na cidade.

Todos os dias, ao sairmos do jardim de infância, eu e meu irmão brincávamos de corrida para ver quem chegava antes em casa e ganhava o primeiro abraço da nossa mãe, que considerávamos o melhor. Adorávamos a brincadeira. Até que certo dia a babá nos segurava pela mão, como de costume, e Christopher, o mais arteiro, mordeu a mão dela e correu na frente para receber o abraço caloroso da nossa mãe.

Ao atravessar a rua, tragicamente ele foi atropelado por um carro em alta velocidade e jogado ao chão. Um cenário de pânico, gritos e lágrimas se instaurou naquele momento. Eu ainda segurava a mão da babá, apertando-a com força, quando perdi a consciência. Ao acordar, vi-me cercado por pessoas chorando muito, mas não vi minha mãe ou qualquer familiar próximo, apenas o grande desespero que dominava o semblante das pessoas e o ambiente. Eu não entendia o que aqueles estranhos estavam dizendo, apenas que meu irmão tinha sofrido um acidente. A babá, por sua vez, encontrava-se desesperada, culpando-se, chorando e repetindo que era a culpada pelo acidente do meu irmão. Esse forte sentimento de culpa a acompanhou até sua morte.

Durante dois dias, não vi minha mãe, fui cuidado pelas tias e avó. Eu me sentia perdido, sem consolo, sem a presença do meu pai (eu já tinha consciência desse fato) e naquele momento sem a presença da minha mãe também.

Após esses dias, que para mim pareceram semanas, minha mãe voltou pálida e com um olhar profundamente triste. Ela disse que precisava conversar comigo sobre algo realmente trágico:

– Seu irmão foi atropelado e sofreu um traumatismo craniano. Não pôde ser internado aqui, por isso foi levado para uma cidade maior, com mais recursos. E lá, meu filho, aconteceu o pior, seu irmãozinho faleceu.

Muitas coisas ocorreram nesse dia, mas o que mais se destacou para mim foi a mudança no olhar de minha mãe. A partir desse momento, eu passei a ver uma mãe profundamente triste e preocupada, que chorava pelos cantos e acusava veementemente todas as pessoas envolvidas na fatalidade.

A babá era culpada por ter descuidado da criança; o motorista, por ser um menor infrator sem carteira, dirigindo em alta velocidade numa via pública. Até os médicos do pronto atendimento foram alvo de suas acusações, pois ela afirmava que houve negligência por parte deles, que não cuidaram do seu filho devidamente e administraram uma medicação inadequada, porque ele não podia dormir e lhe deram sedativo, causando um sono profundo do qual ele nunca mais acordaria. Eu vi a minha mãe se revoltar contra Deus e dizer que Ele não existe porque, se existisse, não teria levado o seu filho.

Com a morte do meu irmão, veio a falência emocional da minha mãe e a perda de toda esperança e alegria que ela possuía. Eu, por outro lado, tornei-me um sobrevivente, mas nunca mais consegui trazer um sorriso genuíno ao rosto da minha mãe. Cada vez que olhava para mim, a tristeza profunda que a consumia era evidente. Ela sentia falta de meu irmão, eu me tornei um filho que já não era referência e a quem ela dizia: "Você é feio, seu irmão era bonito"; "seu cabelo é crespo, o cabelo de seu irmão era liso"; "você é magro, seu irmão era forte"; e outras expressões semelhantes (nós éramos gêmeos bivitelinos).

Essas comparações repercutiram de modo negativo em minha autoestima enquanto criança e vida afora, obviamente gerando complexo de inferioridade, não aceitação de mim mesmo, necessidade de aprovação e de ser o melhor. Mesmo hoje, com 50 anos, ainda tenho certas lutas que são decorrentes dessa má-formação da minha autoestima. Esse trauma fez com que minha vida fosse toda permeada pelo fantasma de tais comparações.

Eu me lembro de alguns fatos importantes relacionados a minha baixa autoestima e, ao mesmo tempo, indicadores de quem eu me tornaria. Mesmo sendo uma criança evidentemente triste e desolada pela falta do irmão, aos 6 anos eu participava de uma banda marcial, como quem buscava um recurso, através da música, para me conectar com o mundo, a fim de ter pessoas ao meu redor porque sentia uma enorme carência. Eu precisava de amigos, parentes, pessoas que me validassem pois não era validado pela minha mãe.

Todos os dias do meu aniversário até sua morte, eu a ouvia dizer: "Filho, eu estou muito feliz pelo seu aniversário, mas muito triste porque seu irmão não está aqui". Sempre havia comparações: "Se seu irmão estivesse aqui, não faria isso; ele, sim, era um menino bondoso"; "Você não vai ser nada na vida, seu irmão seria um grande homem"; e outras comparações e rejeições.

Também me recordo de ter sido orador da minha turma na pré-escola, tenho até uma foto segurando o microfone aos 6 anos, fazendo um discurso decorado. Para mim era uma inspiração falar ao microfone, transmitir uma mensagem; era um privilégio e um sinal do propósito da minha vida futura. Nessa foto como orador, eu estou ao lado da minha tia Rose, que me dava todo apoio e carinho, além de ter me presenteado com a primeira bicicleta e diversos outros presentes que eu guardava com muito afeto. No meu primeiro discurso, ela estava literalmente ao meu lado, me apoiando.

Aproveito esse aspecto da minha história, para alertar pais e responsáveis por crianças. É fundamental construirmos uma autoestima saudável em nossos filhos e certamente a comparação entre eles, ou entre eles e qualquer outra pessoa, jamais produzirá bons frutos. Cada um tem seu modo de ser, tanto físico quanto mental e psicológico; cada um tem um temperamento, seus talentos e suas dificuldades. O conjunto dessas características é o que nos faz únicos e especiais.

Se mesmo depois de adultos não devemos nos comparar com ninguém, muito menos na fase em que a autoestima da criança está sendo construída. A imagem que ela terá de si mesma será reflexo de quem os pais dizem que ela é e de como a tratam. Para a criança, os pais estão sempre certos; portanto, se eles lhe transmitem uma imagem negativa, ela vai internalizar e crescer se vendo dessa forma.

Por essa razão, se você é pai, mãe ou lida com crianças, não faça comparações. Também não se compare a ninguém, isso não gera benefícios. Há quem diga que só devemos nos comparar a nós mesmos, para termos parâmetros do quanto evoluímos ou não.

CAPÍTULO 3

ONDE ESTÁ O MEU PAI?

u caminhava para os 7 anos de idade e estava no início do antigo 1º grau, quando a realidade da minha vida começou a se contrastar com a da mente inocente de uma criança cheia de sonhos. Por um lado, eu sonhava ser um grande orador, um palestrante renomado, alguém que discursaria em outras nações, talvez até um advogado defendendo causas na Justiça. Por outro lado, enquanto meus amigos da escola vivenciavam momentos especiais nas comemorações do Dia dos Pais, dando presentes, fazendo surpresas e desfrutando de almoços em família, uma pergunta surgia constantemente em minha mente: *Onde está o meu pai?*

Eu repeti essa pergunta para minha mãe diversas vezes, mas ela não me dava nenhuma explicação plausível, apenas dizia: "Seu pai não está aqui porque não se importa com você, se ele te amasse, seria presente em sua vida". Essa frase me machucava profundamente e muitas vezes eu me revoltei contra a ausência da figura paterna. Ainda somado ao fato de que outras pessoas também me faziam essa pergunta, especialmente quando eu me envolvia em confusões na escola, o que acontecia com frequência. Muitas brigas eram para defender algum amigo, pois sempre tive forte senso de justiça e sentimento de que eu era responsável pelos menores ou indefesos.

Certa vez encontrei uma amiga do tempo de escola e ela me perguntou se eu ainda brigava. Surpreso, questionei o motivo da pergunta. Ela explicou que sempre que ouviam um tumulto, tinham certeza de que era eu batendo ou apanhando. Brinquei, dizendo que na maioria das vezes era eu apanhando.

No primeiro dia de aula já briguei com um amiguinho, Márcio, e acabei levando um soco que me fez cair por cima das cadeiras, resultando em um corte profundo na cabeça. Aí eu comecei uma saga diária de arrumar confusão e vivia na coordenação. Como a minha mãe era professora da escola, acabava envolvida nessas discussões.

Eu era conhecido como "o brigão" fora da escola também, pois participei de grupos locais de brigas, envolvendo-me em confrontos entre bairros e cidades. Assistia muito a televisão e fiquei fascinado por uma série chamada "O Pequeno Mestre", em que um garoto praticava artes marciais. Eu achava que deveria agir igual a ele como forma de me proteger. Na verdade eu arrumava briga muito para me defender ou defender os outros. Cheguei a fazer algumas estrelas ninjas e saía pela cidade, lançando-as nas pessoas (rsrs).

Quando eu batia em alguém, logo depois aparecia um grupo de amigos dessa pessoa para me enfrentar, e eu acabava apanhando. Mas jurava que iria acertá-los, marcando-os individualmente até conseguir brigar com cada um e vencer. Enquanto me batiam, eu dizia: "Agora eu tô apanhando, mas eu te pego depois!" Essa era uma frase muito típica. Eu não sossegava. Minha mãe chegou ao ponto de pedir aos professores para me liberarem dez minutos antes do fim das aulas, mas não adiantava, pois eu esperava na porta da escola para brigar com os meninos.

Eu batia nos menores e apanhava dos maiores. Muitas vezes enfrentava adversários maiores sem nenhuma condição de vencê-los e por isso apanhava tanto. Era a forma que eu encontrava de expressar minha revolta, talvez uma tentativa de chamar atenção diante da ausência paterna porque, quando brigava, eu era notado. Essa tendência briguenta persistiu até os 13 ou 14 anos.

Contudo, nem só de confusão eu vivia, brincava muito também. Tínhamos um clube de luta, um clube de escalada (de muros), um clube de bicicleta – andávamos o dia todo, explorando diversos lugares, saíamos de manhã cedo e só voltávamos à noite. Gostávamos de nos aventurar em atividades comuns da época, como soltar pipa, preparar balões para soltar à noite, jogar bola, rodar pião e escorregar na casca de coco (não era nem papelão), nós íamos embora com os shorts rasgados – motivo para eu apanhar quando chegava em casa.

Tomávamos banho de lagoa, de lama e pescávamos. Tantas brincadeiras que a minha geração viveu e que não vemos nossos filhos vivenciarem hoje. A cidade pequena nos proporcionava essas experiências, enquanto hoje a maioria das crianças ficam em casa ou apartamento, o que a meu ver é preocupante.

Sob esse ponto de vista, tive uma infância feliz, curti muito. Se por um lado foi bem conturbada, por outro eu extravasei bastante minhas angústias nas brincadeiras de rua e na natureza. Esse é um recurso até mesmo emocional que as crianças atualmente não têm e acabam acumulando muita energia sem ter onde extravasar, muitas vezes até adoecendo, ou sendo diagnosticadas com hiperatividade.

O PORÃO

No decorrer dos anos, a situação traumática da minha mãe pela perda do meu irmão exacerbou ainda mais seu transtorno emocional, e eu a vi envolver-se em circunstâncias que não deveria. Quando estava muito triste, ela comprava coisas que não tinha condição de pagar e fazia dívida sobre dívida, prestação sobre prestação. Às vezes com intenção de dar o melhor para os filhos, nessa época eu já tinha uma irmã, Larissa. Depois de adulto entendi que era uma visão distorcida das coisas, pois obviamente é muito melhor para os filhos não terem certos luxos e viverem de acordo com o orçamento do que afundar a família em dívidas.

Certa vez eu ganhei dela um casaco de pelo muito aconchegante e bonito. Era festa de São João e fazia muito frio. Minha mãe arrumou a mim e a minha irmã para a festa, vestindo-me com o casaco. Assim que saímos de casa, eu vi um menino sentado, comendo uma banana, apenas de short. A cena me deixou muito triste e comecei a chorar. Minha mãe perguntou o porquê, e eu respondi:

– Por que eu tenho esse casaco bonito e esse menino tá aí no frio?! Eu não quero esse casaco, vou dar pra ele!

Porém ela não deixou e eu não quis mais ir à festa, fiquei em casa. Olha que era a festa que eu mais gostava, bem típica de cidade do interior, com as barraquinhas na avenida principal, muitas comidas e brincadeiras e, para fechar com chave de ouro, no final tinha um grande foguetório. Era lindo! Mas naquele dia eu me entristeci por achar o mundo cruel, injusto, e eu nem pude ajudar o menino. Ironicamente, depois o casaco teve que ser devolvido porque minha mãe não pôde pagar por ele.

Outros fatos semelhantes aconteceram, como o da bicicleta. Todos os meus amigos tinham uma, menos eu. Então eles saíam pedalando em turma e eu não podia acompanhar. Vendo isso, minha mãe resolveu comprar para mim uma Monark verde com pneu balão e aro cromado. Foi uma alegria! Finalmente eu podia pedalar com os amigos... mas a alegria não durou muito. Logo vieram os credores cobrar as dívidas e eu tive que entregar minha bicicleta para eles. Isso aconteceu diversas vezes.

A vida seguia seu fluxo e eu já não era mais uma criança, e sim um pré-adolescente enfrentando todas as dificuldades e os desafios dessa fase de transição. No entanto, os meus problemas iam muito além dos naturalmente vivenciados nesse período. Lidar com a ausência do meu pai, a morte do meu irmão e a falência emocional e financeira da minha mãe tornava todas essas questões ainda mais difíceis.

Enquanto outros adolescentes passavam por problemas comuns dessa fase, vivendo em casas confortáveis e muitas vezes não reconhecendo os privilégios nem os aproveitando ao máximo, eu tentava lidar com todas as dificuldades desde a minha infância e me sentia muito sozinho. Embora tivesse diversos amigos, no fundo, no fundo eu me sentia sozinho e sem proteção.

Atravessei momentos difíceis, e a ausência do meu pai ou da minha mãe fazia com que se tornassem ainda piores. Em diversas circunstâncias, precisei tomar decisões sem ter ninguém para me orientar ou aconselhar. Eu não tinha uma referência familiar estável, pois minha mãe era doente, minha irmã era mais nova e a ausência do meu pai tornava a nossa família disfuncional. Como consequência, eu vivia uma pré-adolescência conturbada.

Sentia-me vítima das circunstâncias, pensava que a minha vida não fazia sentido e que eu estava pagando um preço muito alto por uma culpa que não tinha. Eu não tinha culpa de o meu irmão ter falecido, o meu pai ter me abandonado e a minha mãe ser doente, mas no fundo eu carregava todo esse peso, essa culpa e mágoa. Por isso arrumava tanta briga e confusão, para ver se me aliviava, mas o alívio não vinha. Pelo contrário, a angústia e a tristeza sempre tomavam conta do meu coração.

Depois de várias mudanças de casa pela dificuldade de pagar aluguel e enfrentando cobradores à porta, nós passamos um período em uma casa muito boa, de dois andares e próxima de amigos. Eu me lembro de ter uma amiguinha de 11 anos, Márcia, com quem fiz um telefone de brinquedo, usando copos e barbante. Apesar da grande distância, cerca de 25 metros, todos os dias eu acordava e a primeira coisa que fazia era falar com aquela amiga através do copo de plástico. Para quem não brincou disso, eu explico: eram dois copos de plástico ligados por um barbante, falávamos com a boca dentro do copo e dava para o outro ouvir, virando a boca do copo para o ouvido. Desse modo, eu e aquela menina contávamos como tinha sido a noite e conversávamos enquanto nos preparávamos para ir à escola.

Enfim, era um bairro agradável para mim, pois eu tinha vários amigos com quem brincava e jogava bola. A rua era movimentada e a turma estava sempre por lá. No entanto, de repente nós começamos a passar grandes dificuldades lá em casa, a enfrentar muita escassez, e não me envergonho de dizer que muitas vezes passamos fome. Houve momentos em que minha mãe misturava açúcar com farinha para que pudéssemos comer algo, e outras vezes não tínhamos absolutamente nada. A única frase que me lembro de minha mãe dizer nessas horas é: "Filho, durma, porque o sono alimenta". Naquela época eu não entendia que na verdade ela estava dizendo que não tínhamos comida. Contávamos sempre com a ajuda de familiares que nos socorriam com dinheiro, cesta básica ou alguma comida pronta.

Por causa do transtorno psicológico, minha mãe nos colocava em situações ainda piores, pois queria roupas e luxos pelos quais não podíamos pagar. Além disso, fazia compras grandes no supermercado, usando cheques pré-datados, e depois não conseguia pagar. Ainda havia o agravante de morarmos em uma casa que não tínhamos condições de manter, pois o aluguel era muito alto para uma professora.

Apesar disso, ficamos lá por muito tempo, enfrentando sérias dificuldades, passando fome e até mesmo sem roupas adequadas. Quando eu e meus amigos íamos a festas, eles usavam roupas de marca. Um dia, comprei uma revista de surf chamada "Fluir", que apresentava várias marcas cobiçadas na época. Tive a "grande" ideia de cortar as etiquetas da revista, plastificá-las e pedi a uma amiga da minha mãe para costurá-las nas minhas roupas. Imagine o quanto os meus amigos e as pessoas riam, pois ficava evidente a minha tentativa! Como todo adolescente, eu queria me sentir incluído, pertencente àquele grupo, mas não conseguia. E eles, como a maioria dos adolescentes, gostavam de caçoar.

Nesse período eu me apaixonei por uma menina que disse, com todas as letras, que não queria namorar comigo porque eu era pobre. Tive vários amores platônicos frustrados por causa da minha condição social e familiar – sem pai e com a mãe doente. Sofria discriminação constantemente, mesmo estando próximo das pessoas "da sociedade". Diversas mães não queriam que os filhos fossem meus amigos porque eu não tinha pai, porque era brigão, porque não tinha dinheiro, porque minha mãe fazia a gente passar vergonha.

Quando tudo parecia estar ruim demais, aconteceu outro fato que marcou a minha história. Minha mãe atingiu uma situação financeira insustentável e fomos despejados pela primeira vez. Ela sempre encontrava um jeito de mudarmos de casa e, mesmo deixando aluguéis em atraso, conseguirmos alugar outro lugar. Dessa vez, porém, não conseguiu e ficamos sem ter para onde ir. Fomos despejados e nossos móveis colocados em um depósito sujo, cheio de ratos, que na minha mente era um porão embora não ficasse embaixo de casa alguma.

Minha mãe ia ao local todos os dias para verificar as coisas, que estavam se deteriorando devido à umidade, aos ratos e cupins. A imagem desse porão me marcou muito e voltou à minha mente durante anos, porque me causou forte impacto ver as poucas coisas que nós tínhamos guardadas num lugar escuro e nojento. Na verdade, o porão retratava bem a nossa circunstância caótica, o estado deprimente da nossa vida naquela época e o meu estado emocional.

Depois do despejo, fomos morar de favor na casa da minha avó, que nos recebeu de forma calorosa e feliz. No início foi bom, mas depois de um tempo a situação começou a ficar insuportável porque minha mãe chorava diariamente ao ver nossas coisas se deteriorando naquele porão. Fora isso, nós não tínhamos noção de quando moraríamos em uma casa nossa novamente. Por mais que minha avó tivesse nos acolhido, quem já morou ou mora de favor sabe como é. A televisão não era nossa – eu queria ver desenho, mas minha avó não gostava; a cama não era nossa, aliás nem o quarto. Nós nos sentíamos intrusos.

Além de tudo, o transtorno da minha mãe e sua visão distorcida das situações geravam um comportamento muito arrogante; mesmo com todas as dificuldades ela não "baixava o nariz" e até mesmo delirava, dizendo que era rica pois o avô era dono de fazendas e no Natal ele comprava vagões de castanhas e nozes. É claro que eu tinha entendimento de que não era nossa realidade, mas ela sustentava tal status e se achava melhor do que os outros.

Ainda que estivéssemos com a vida igual ao porão, ela dizia para os outros que era muito rica e, ao ser confrontada por algum parente, eram brigas e mais brigas; vários Natais foram estragados por causa dessas confusões. As pessoas não aguentavam mais sua arrogância. Apesar de ser um adolescente, eu não entendia por que minha mãe agia desse modo, não entendia que seu comportamento era consequência de transtorno mental e me sentia no direito de ser revoltado.

Em meio a essa loucura toda, eu vivi um momento interessante especialmente para alguém cuja autoestima era baixa. Tínhamos um concurso anual de beleza e alguns garotos foram selecionados a fim de participar, inclusive eu. Embora olhasse para mim e, sinceramente, não visse a menor chance, resolvi participar. Talvez no fundo eu tivesse alguma esperança porque era aquele menino considerado gente boa, que conversava com todo mundo, carismático e, apesar de toda rebeldia, era educado. Embora minha mãe tivesse seus distúrbios, em termos de educação ela foi muito eficiente e nos ensinou a falar de modo gentil com as pessoas.

Havia algumas etapas eliminatórias no concurso e uma delas era o desfile. Lá fui eu desfilar com minha roupa simples no palanque, sem chance de competir com as roupas de marca que os outros concorrentes usavam. Depois houve a etapa da entrevista com os candidatos, que de modo geral não se saíram bem. Quando chegou a minha vez, perguntaram a mim se beleza é fundamental. Eu respondi que beleza fundamental é a do interior, pois o que temos dentro de nós é o que fará diferença no mundo para torná-lo melhor e por aí fui... Falei bastante (rsrs). Mais uma vez me senti confortável diante do microfone. Não sei se por pena ou pelo meu discurso, acabei sendo escolhido o Garoto

Polivalente. Desfilei de novo e recebi meu prêmio. Como era de se esperar, as garotas se aproximaram de mim e foi um momento mágico!

CAPÍTULO 5

OS MALUCOS

Na época em que morávamos com minha avó, como um escape para minha agressividade eu comecei a me envolver com adolescentes que gostavam de *heavy metal*. Eu vi nesse estilo musical uma forma de me conectar a um grupo, de me sentir pertencente, e o som pesado validava minha revolta, atitude típica de adolescente, mesmo daqueles que são rebeldes sem causa. Os amigos me chamavam de dois apelidos carinhosos: *Cão* e *das Trevas* (rsrs).

Os mais velhos da turma começaram a usar drogas. Eu me lembro, como se fosse hoje, de nós preparando loló, uma droga leve, mas com potencial de se tornar porta de entrada para outras mais pesadas. Fiz uso algumas vezes mas, por algum motivo, não consegui levar adiante. Daí pra frente meus amigos começaram a beber e a fumar maconha.

Frequentemente eu os ajudava a enrolar o cigarro de maconha, mas passava adiante e não fumava. Eu não tinha nem curiosidade, alguma coisa me impedia e me preservava, não sabia o quê. Como eu era bastante revoltado, teria sido muito mais fácil aderir àquele movimento, apesar disso eu não escolhi esse caminho.

Assim, com quase 14 anos eu estava vivendo de favor em um ambiente inóspito, rodeado por amigos que bebiam, faziam uso de drogas e iam para os bares e festas arrumar confusão, agora as brigas envolviam facas, canivetes e garrafas quebradas na cabeça dos outros. Contrariando o meu passado de confusão, eu me mantinha distante desses tumultos porque algo estava mudando em mim e eu não sabia explicar, aquele ambiente parecia não se conectar mais comigo, mas eu era testemunha de toda violência e caos.

Foi nesse contexto que um amigo chamado de Wagner Carioca começou a me abordar com mensagens diferentes de tudo que eu já tinha ouvido. Ele morava no Espírito Santo e trazia uma fala peculiar, com sotaque e gírias cariocas, daí o apelido. Mas o que o diferenciava era que o Carioca falava que havia tido um encontro com Deus.

Isso me assustava, pois eu associava as conversas sobre religião à experiência enganosa que minha mãe tinha vivido. Ela havia buscado uma religião para se conectar com meu irmão falecido, mas nunca encontrou essa conexão, eu digo que foi enganada durante muito tempo. Pelo contrário, sua vida foi marcada por mais dor e sofrimento.

Eu costumava fugir e zombar do Carioca, praticava *bullying* dizendo que ele era louco, porque assuntos relacionados a Deus me assustavam. Esse rapaz costumava ir a reuniões perto da casa da minha avó, na residência de um alemão chamado Wilfried e sua esposa, Denise (brasileira). Eles convidavam os jovens para ouvir uma história diferente, uma mensagem. E o Carioca sempre me convidava, mas sistematicamente eu inventava desculpas para não comparecer, arrumando alguma coisa para fazer no horário da reunião. Porém, todas as vezes que ele passava com dois ou três amigos a caminho daquele lugar, eu ficava intrigado e queria estar com eles, mas algo me impedia.

Certa vez não resisti e perguntei ao Carioca se poderia ir à reunião daquele dia. Muito feliz, ele respondeu que seria um prazer. Mudei de roupa e fomos. Chegando lá, deparei-me com uma casa bonita e pessoas acolhedoras. Wilfried, o alemão de olhos azuis, me recebeu na porta e desejou boas-vindas em um português enrolado.

Eles começaram cantando algumas músicas calmas, acompanhadas por um violão. Eu observei uma alegria genuína naquelas pessoas. A música era diferente, a conversa era diferente e eles só falavam coisas boas. Eu vinha de um ambiente onde a música era pesada, com guitarras, baixo e bateria que nos agitavam, e naquele lugar havia tranquilidade. Lembro-me de cantarem uma música que dizia: "Essa paz que eu sinto em minha alma não é porque tudo me vai bem..."

Naquele momento, eu pensei: *Que isso?! Esses caras só podem ser malucos! Nós, que ouvimos heavy metal e usamos drogas, não temos essa felicidade. Esses caras com um violãozinho aí, falando de amor e paz. Que história é essa? Que coisa maluca!* Eu estava convencido de que aquele povo era mais doido que os malucos que eu conhecia, pensamento que permaneceu me intrigando por dias.

Depois de cantarem, eles convidaram aqueles que estavam ali pela primeira vez para uma reunião separada, em outra sala. Eu era um deles. Lembro claramente quando começaram a contar uma história:

"O Criador fez o mundo e o homem perfeitos, dando a este o livre-arbítrio. Usando da liberdade de escolha, o homem pecou e se afastou de Deus.

Então, para restabelecer a comunhão perdida, Deus enviou Seu próprio Filho, para que o homem pudesse novamente desfrutar de um relacionamento de intimidade com seu Criador."

Logo após eles apresentaram o plano de salvação e falaram sobre João 3:16: "Porque Deus amou o mundo de tal maneira que deu o seu Filho unigênito, para que todo aquele que nele crê não pereça, mas tenha a vida eterna".

Até então eu não tinha entendido nada, essa história não fazia sentido para mim, mas fui surpreendido quando a pessoa que contava disse:

– Olha, Deus é pai! E Ele cuida.

Ao ouvir essas palavras, algo acendeu em meu coração. Uma emoção forte tomou conta de mim e eu disse a mim mesmo: *Pai? Eu não tenho pai. Eu quero! Eu preciso desse pai!*

Nesse instante meu interesse foi despertado, embora ainda houvesse muitas questões que eu não compreendesse.

A seguir eles fizeram uma oração de entrega, para quem quisesse repetir: "Pai, eu te peço perdão pelos meus pecados, reconheço que sou pecador, mas nesta noite eu entrego a minha vida, os meus planos e sonhos a Ti, e reconheço Jesus como meu único e suficiente Salvador, para que o Senhor a partir de hoje cuide de mim". Quando terminou essa oração, perguntaram quem a tinha feito pela primeira vez. Com vergonha porque ali estavam alguns amigos, eu fiquei quieto.

Voltamos para a outra sala e eles continuaram a cantar mais um pouco. Ao final, falaram que iam passar para nós uma caixinha de promessas, com versículos bíblicos, que deveria passar de mão em mão e as promessas serem lidas. No meu papel estava escrito: "Assim que, se alguém está em Cristo, nova criatura é: as coisas velhas já passaram; eis que tudo se fez novo" (2 Coríntios 5:17). Depois que eu li em voz alta, começaram a festejar: Ele aceitou Jesus! Ele aceitou Jesus!

Não entendi nada que aqueles malucos estavam falando, só fiz a oração porque ouvi que eu tinha um Pai e eu o queria, pois Ele iria me sustentar e me dar direção. Mas aquele papo de aceitar Jesus como Salvador eu não tinha entendido nada. Porém, saí de lá com uma paz profunda dentro da minha alma, que nunca tinha sentido, a única coisa que eu sabia é que algo havia mudado em mim, transformado meu coração, trazendo uma experiência nunca vivida tampouco compreendida por mim, que excedia meu entendimento. Eu sentia a mão de Deus acariciar meu peito e me trazer para perto dEle.

Naquele momento eu descobri que Deus é meu Pai e comecei a viver um relacionamento diário com Ele – passei a ler a Sua Palavra e a falar-lhe com muita transparência.

Certo dia eu disse a Deus:

– Deus, eu não tenho pai, a minha mãe é doente, não tenho referências, mas te peço uma coisa: que a partir de hoje o Senhor seja a minha referência, seja o meu exemplo, me traga o Seu caráter, as Suas qualidades – o amor, a bondade, a sinceridade, a misericórdia, o perdão, a graça. Que eu tenha todas essas virtudes no meu coração!

Desse dia em diante eu comecei a ter experiências com Deus, aprendi a dobrar os joelhos, fechar a porta do meu quarto e, em secreto, falar com o Pai – o meu Pai. Agora, sim, eu tinha um pai! E passei a vivenciar Sua paternidade, pois eu tive certeza de que Ele me ama e estava cuidando de mim e me protegendo.

Nessa fase inicial em que comecei a caminhar com Deus, sofri diversas retaliações. Até mesmo aquela tia que me era tão próxima disse que estava muito decepcionada comigo porque não queria que o sobrinho se envolvesse com aquele povo maluco, pois eu iria ficar doido igual a eles. Mas o que eu estava descobrindo sobre o caráter, o amor, a bondade, a presença maravilhosa de Deus, ninguém poderia tirar de mim, por isso decidi não me deixar abalar e perseverar na minha fé. Comecei a ter comunhão diária com o Espírito Santo e a ver em Jesus verdadeiramente um amigo.

Pouco tempo depois surgiu uma oportunidade para mudarmos de cidade, porque minha mãe tinha conseguido alugar uma casa pequena. Lá fomos nós e o resto daqueles móveis estragados. Eu detestava ver aquela carreta de mudança com as coisas amontoadas cobertas por uma lona, parecendo circo (risos). E ali estava eu, mais uma vez, num caminhão cheio de tralhas penduradas, chegando em uma cidade nova e sem conhecer ninguém. Aí teve início uma nova fase da minha vida.

Estávamos na metade do ano, por isso eu tinha um desafio: continuar estudando na cidade de onde eu tinha vindo. Assim, comecei a pegar um ônibus rural – nada é por acaso, tudo tem um propósito. Nos momentos de revolta do meu passado recente, eu jogava pedra nesse ônibus, cuspia nas pessoas, chamava-as de capiais, roceiros, e agora eu me vi precisando do mesmo ônibus para sair da minha casa e ir à escola pela estrada de terra que separava as duas cidades. Eu me lembro de chegar à escola todo cheio de pó da estrada e ser muito caçoado pelos amigos; aquelas meninas que eu olhava, pensando em namorar, esquece (rsrs).

Apesar de tudo isso, eu simplesmente sentia paz. Toda a situação da mudança no carro de circo, de ter que pegar o ônibus para ir à escola, o *bullying* dos amigos, a perda da esperança em relação às meninas, nada disso mexeu comigo. Nenhum desses fatos me trouxe tristeza, nem os diversos comentários que ouvi dentro do ônibus. Certa vez uma prima falou que ia comprar algo e eu caí na bobagem de dizer que não achava bonito. Então ela me disse:

– Mas logo você, um lascado que não tem dinheiro pra nada, sem pai, vivendo nessa vida de roça, tendo que pegar este ônibus?! Fica quieto, você não tem direito de falar nada! Você é um perdedor. (Eu não gosto de falar palavrão, mas na verdade a frase foi: você é um fo...)

Essas palavras entraram no meu coração e machucaram muito na hora, mas Deus já tinha iniciado um processo na minha vida e não deixou isso prosperar dentro de mim. Eu estava diferente, estava forte, apenas entreguei aquelas palavras a Deus e falei:

– O Senhor é comigo e vai me dar vitória.

Nessa fase eu não podia trabalhar porque minha mãe tinha dado entrada no processo de pensão alimentícia e, se eu arrumasse emprego, nós a perderíamos. Assim, passei a me dedicar aos estudos e a me envolver na igreja, onde aprendi a tocar violão e cantar. Foi um processo de mudança de vida. Não é porque você entrega sua vida a Deus que as coisas simplesmente vão melhorar da água pro vinho e de um dia pro outro, ou que você não terá mais problemas – é um processo durante o qual Ele vai mostrando e curando suas feridas, e você vai se levantando até que se torna *curado para curar* outras pessoas que Deus põe em seu caminho.

No decorrer desse processo de experenciar comunhão com meu Pai, minha irmã Larissa se converteu com apenas 8 anos de idade, através da minha pregação – contei a ela tudo o que me disseram quando aceitei Jesus e falei sobre o plano de salvação. O meu objetivo maior era que minha mãe tivesse uma experiência com Deus, se convertesse, aceitasse Jesus.

Por meio do meu conhecimento da Palavra, fui estruturando e amadurecendo meu relacionamento com Ele. Lembro que nesses dias eu disse para Deus:

– Eu quero ter tudo: um emprego, uma família com esposa e filhos, um bom carro, fazer faculdade etc. Mas se um dia o Senhor me pedir tudo isso, eu entrego para te servir de forma integral.

E de forma extraordinária Deus começou a me abençoar para que eu realizasse meus sonhos.

CAPÍTULO 6

O PACTO

Com um pouco mais de idade e caminhando com Deus, comecei a apresentar-Lhe os meus sonhos, que eram muito claros para mim. Eu desejava ter um bom emprego, com o objetivo de poder ajudar minha mãe e irmã, proporcionando a elas uma vida digna. Quando o Christopher faleceu, minha mãe já estava grávida e, por alguma razão, eu me sentia responsável pela minha irmã, de ser "o irmão mais velho". Eu almejava também um relacionamento sólido para poder constituir família com alguém especial, além de cursar uma faculdade da qual pudesse me orgulhar. É claro que alguns bens materiais – como um carro e uma casa conquistados com meu próprio trabalho – também faziam parte dos meus sonhos.

No decorrer do tempo, comecei a realizar esses desejos que pareciam impossíveis até então, considerando minha origem e meu contexto de filho sem pai, traumatizado com a morte do irmão gêmeo e uma mãe doente, que enfrentava todas as dificuldades já relatadas. No entanto, agora algo maior estava comigo e me dava direção: o fato de saber que Deus havia me escolhido para ser Seu filho e caminhar com Ele. Sentir o amor profundo do Pai por mim me impulsionou a seguir em frente.

Iniciei minha vida de trabalho com algumas ocupações como auxiliar de escritório, pintor e até mesmo extraindo areia de rio. Cada uma dessas experiências e etapas me trouxe grandes ensinamentos. Por exemplo, quando trabalhei em um depósito de material de construção, eu precisava limpar diariamente todas as mercadorias, para isso desenvolvi uma metodologia de organização, criando uma rotina eficiente de atividades em rodízio para não precisar fazer a mesma coisa diariamente. Também aprendi a lidar com pessoas, atendendo-as com educação e carinho, prestando assistência no balcão e sempre oferecendo um sorriso. Adquiri habilidades como controle de estoque, emissão de notas fiscais e anotações.

Embora tenha enfrentado obstáculos que não mencionarei aqui para preservar a privacidade das pessoas com as quais trabalhei, tive que deixar aquele local. Isso ocorreu principalmente porque temia que meu pai descobrisse que eu estava trabalhando e entrasse com uma ação legal para reaver o dinheiro da pensão alimentícia que minha mãe, com tanto esforço e suor, havia conquistado.

Vale ressaltar que quando meu pai pagou a primeira pensão alimentícia – aos meus 10 anos, depois que minha mãe ingressou na Justiça – também quitou retroativamente o tempo em que não havia pagado, incluindo juros e correção monetária até a morte do meu irmão, que viveu apenas quatro anos. A partir de então meu pai nunca deixou de pagar fielmente até os meus 21 anos. Eu soube, muito tempo depois, que esse processo trouxe muito constrangimento a ele, pois teve que voltar àquela cidade pequena depois de quase oito anos. Meu pai é muito correto, a briga na Justiça ocorreu porque o advogado da minha mãe tinha pedido um valor muito alto e ele não aceitou.

Minha mãe recebeu um montante expressivo; mas, por falta de planejamento e controle, ela gastou tudo, inclusive o que poderia ter sido reservado para a minha educação, e voltamos à situação de sempre – precisando mudar de casa pela falta de pagamento. Isso me motivou ainda mais a buscar o meu próprio trabalho.

Contudo, receosa em relação à possibilidade de perder a pensão alimentícia, minha mãe praticamente me obrigou a sair do emprego. Apesar disso, não desisti dos meus sonhos porque eu queria conquistar as coisas e sabia que para conseguir eu teria que trabalhar; porém, se eu não podia trabalhar, restava-me estudar.

Dediquei-me aos estudos por um bom tempo, inicialmente com o desejo de ingressar na Marinha Mercante. Eu me preparei para fazer as provas, tanto para fazer EPCAR (Escola Preparatória de Cadetes do Ar) quanto para fazer Academia Militar Agulhas Negras (AMAN), mas não obtive êxito em nenhuma delas. Algo sempre acontecia e eu não conseguia prosperar nesses estudos.

Então meu interesse voltou-se para a Engenharia Civil. Estudei um pouco de matemática e marquei minha prova. Antes disso, fiz teste no Rio de Janeiro, para alistamento na Aeronáutica, no Terceiro Comar. Quando recebi meu certificado de reservista, fui impactado pela primeira vez em relação aos meus sonhos. Para muitos, receber tal certificado é um grande alívio, pois significa que não precisarão cumprir o serviço militar obrigatório.

No entanto, algo muito forte me impactou naquele momento. Para minha surpresa, ao pegar o documento em mãos, deparei-me com o nome da minha mãe e no lugar do nome do meu pai estava escrito:

Pai não declarado.

Isso despertou uma grande luta em meu coração e uma intensa ansiedade. Sabia onde meu pai morava e onde ele trabalhava, então decidi, em meu coração, que iria encontrá-lo. Afinal, eu não era um filho de um pai não declarado, simplesmente não tinha o nome dele no meu documento. Meu nome era Christiano de Albuquerque, sobrenome materno, mas passei a infância toda escrevendo Christiano de Albuquerque Storck Sangy. Eu assinava os sobrenomes do meu pai mesmo sem tê-los em meus documentos, antes ainda de conhecer meu pai.

Quando foi elaborado o documento da pensão alimentícia, poderia ter sido feita uma retificação na certidão de nascimento, porém o advogado não fez. De modo que, ao ver aquele documento escrito *pai não declarado*, senti grande revolta e tomei uma decisão: na metade do ano vou fazer prova para Engenharia Civil, em Vitória, e vou conhecer meu pai.

Liguei para minha tia Rita, que morava lá, e disse:

– Tia, eu quero e vou encontrar com meu pai.

– Você está ficando maluco?! Sua mãe sabe disso?

– Não e ela não precisa saber, eu vou fazer a prova aí e quero saber se a senhora pode me levar ao consultório dele.

– De jeito nenhum, sem sua mãe saber, eu não levo.

– Tia, esse problema não é da minha mãe, eu quero me encontrar com meu pai. Você me leva?

– Eu posso te levar no prédio onde ele trabalha, mas não vou até o consultório.

– Se você me deixar lá, eu subo sozinho.

E foi assim que aconteceu.

Quando eu falo de sonhos, não incluo o encontro com meu pai, os sonhos eram a faculdade, o emprego, a casa e constituir família. Mas não ter o nome dele nos meus documentos mexeu com meus sonhos e minha vontade de conquistá-los, pois fiquei extremamente frustrado. Por essa razão, foi gerada em meu coração uma expectativa de ter um encontro redentor com meu pai.

Depois do que pareceu uma eternidade, esse dia chegou. Quando fui fazer o vestibular, minha tia me levou ao centro de Vitória para que eu pudesse falar com meu pai, o Dr. Odilon. Minha expectativa de receber um abraço era enorme, imaginava aquela recepção calorosa, ele olhando nos meus olhos e dizendo que tinha orgulho de mim e desejava muito que eu realizasse todos os meus sonhos. Interessante que, ao imaginar minha chegada, fiz confusão de nacionalidade: eu me relacionava com italianos e não sei por que pensei que meu pai, alemão, me receberia com o modo caloroso dos italianos, gesticulando e falando alto, cheio de alegria. Talvez essa confusão tenha se dado por conta da minha carência.

Quando chegamos ao Edifício Portugal, minha tia disse:

— Eu não vou subir. O que você vai dizer a ele?

— Vou falar que sou o filho dele, simples assim.

— Então boa sorte!

Entrei no elevador e, quando cheguei ao andar certo, meu coração disparou de forma absurda. Procurei o consultório, abri a porta e vi a recepcionista e alguns clientes esperando atendimento. Então fui até o balcão, debrucei nele e disse:

— Eu queria falar com o Dr. Odilon.

A moça me olhou e perguntou:

— Quem quer falar com ele?

— O filho dele.

Ao ouvir minha resposta, a recepcionista ficou imediatamente corada e desconsertada:

– Como?!

– É o filho dele, o Christiano. Eu quero conversar com ele.

Atordoada, ela entrou na sala dele e fiquei esperando não sei quanto tempo, mas para mim foi uma eternidade. O meu pai não vinha e a expectativa de receber aquele abraço e palavras carinhosas à italiana só aumentava. Fui desperto da minha ilusão pela imagem de um homem frio e rígido que chegou perto de mim, tirou a máscara e disse:

– Olha, eu não queria esse encontro.

No mesmo instante toda minha esperança foi destruída. Senti novamente todo o peso daquele menino rejeitado, cuja mãe era doente, que perdeu o irmão gêmeo, se converteu, achou que todos os problemas seriam resolvidos dali pra frente e teve a ilusão de que o encontro com o pai seria uma grande festa.

– Eu não queria esse relacionamento. A sua mãe me fez sofrer demais e eu peço, por favor, não traga esse relacionamento pra minha vida. Eu não quero.

Eu olhei para ele, quase chorando, estiquei minha mão e disse:

– Muito obrigado.

Virei as costas e saí.

No elevador, tomado pela dor eu fiz um pacto secreto: nunca mais procuro esse homem, nunca mais quero encontrar esse homem porque ele feriu todos os meus anseios, tudo aquilo que eu desejava. E se eu me sentia rejeitado como criança, agora como adulto eu me sinto rejeitado novamente. Por isso eu vou realizar todos os meus sonhos, vou ter um bom trabalho, vou estudar numa boa faculdade, vou casar com uma mulher especial, vou constituir família e vou ter bens – pra que uma dia ele tenha orgulho do filho que rejeitou pela segunda vez.

Ao chegar lá embaixo, minha tia perguntou:

– O que ele falou?

– Tia, ele não quer relacionamento comigo.

Os olhos dela se encheram de lágrimas, mas eu me mantive firme. Fiz a prova para Engenharia e não passei, minha mente estava envolta em tantos pensamentos...

Voltei para a minha cidade decepcionado com tudo e com todos, mas tinha uma certeza: o Pai que eu encontrei um dia, aos 14 anos, meu Pai Celeste, meu Pai espiritual, era com Ele que eu podia contar; era Ele que verdadeiramente iria fazer com que todos os meus sonhos fossem realizados.

OS SONHOS

pós firmar secretamente em meu coração
o pacto de que me tornaria alguém bem-
-sucedido para mostrar ao meu pai, que me
rejeitou quando criança e agora mais uma
vez, comecei a trilhar um caminho de excelência
para perseguir de modo especial meus objetivos de
vida. O primeiro passo foi arrumar um trabalho.

Eu morava em Atílio Vivacqua, conhecida
como Marapé, a terra do "rasga pão", pois como
lá não tinha padaria, as pessoas compravam pão
em Cachoeiro de Itapemirim e iam comendo (ras-
gando) dentro do ônibus. De manhã eu estudava
no Liceu em Cachoeiro e arrumei um emprego de
meio expediente, como se fosse hoje um menor
aprendiz, numa loja de material de construção na
minha cidade. Roberto Leal era o dono e me deu a

primeira oportunidade. Como gostou do meu trabalho, depois de um tempo ele e o Paulo Leal, seu irmão, me ofereceram a possibilidade de trabalhar na área de vendas no escritório de representação de lajes pré-moldadas do Paulinho.

Comecei a trabalhar na venda de lajes, meu segundo emprego, ao qual me dediquei intensamente. Muitas vezes não conseguia me alimentar direito e enfrentava dificuldades até mesmo para pagar o transporte. Por esse motivo eu percorria longas distâncias a pé, de bairro em bairro, do nascer ao pôr do sol, anotando os números de telefone. Lembro-me das vezes em que caminhava vários quilômetros sob o sol causticante. Era um sacrifício, mas o Paulinho reconhecia meu esforço e dedicação. Ele era mais que um patrão, era um amigo, um irmão e uma referência para mim, inclusive me levou para a Igreja Presbiteriana quando eu era adolescente, onde congreguei por muitos anos, sempre aprendendo muito com ele. Paulinho e Roberto Leal foram e são importantes para mim, tanto que, quando me casei, eu os chamei para padrinhos.

Ao retornar dessas visitas, fazia uma lista com as várias pessoas que havia contatado e todos os dias eu a examinava minuciosamente, identificando as que estavam prestes a fechar negócio ou tinham previsão de fechamento. Eram diversos clientes em potencial que eu precisava contatar e eu alternava entre visitas e ligações. Eu ligava sem ainda compreender que estava realizando um trabalho de *follow up* e prospecção de vendas. Era automático e inspirador fazer esses contatos, eu gostava.

Nesse período saí da casa da minha mãe durante seis meses, aos 18 anos, e fui morar num quartinho nos fundos da casa de um casal amigo, Sandra e Paulo Miranda. Eu tinha um violão, que eu tocava quando chegava à noite, era meu momento relax. A Sandra gostava tanto que me retribuía com cachos de banana e nem imaginava que às vezes era a única coisa que eu comia. Ela e o Paulinho também foram meus padrinhos de casamento. A verdade é que eu nunca fiquei desamparado, sempre aparecia alguém para ajudar.

Curiosamente, o escritório de representação das lajes pré-moldadas ficava no mesmo corredor de uma renomada empresa de produtos siderúrgicos no Espírito Santo, chamada CEDISA, e a pessoa responsável por essa unidade, Silvino Cansian, observava meus passos sem que eu soubesse. Após algum tempo me observando, ele me convidou para um café e uma conversa. Falamos sobre vários assuntos e, lá pelas tantas, o Silvino me perguntou:

– Christiano, o que você pretende fazer da vida?

– Bom, eu quero me formar, ter um bom emprego para cuidar da minha mãe e ajudar nas despesas. Desejo construir uma família sólida, casar, adquirir patrimônio, ter um bom carro para me locomover e ter minha própria casa. Enfim, quero realizar alguns sonhos.

– E se eu lhe oferecesse uma oportunidade de trabalhar comigo hoje, você viria?

– Olha, primeiro eu conversaria com o dono da empresa em que trabalho atualmente e, dependendo do que você me disser, pedirei a ele essa oportunidade.

– Então vá conversar com ele, porque há uma oportunidade para você.

Passei uns dias pensando sobre o convite, eu estava um pouco resistente. Até que um amigo, Genaldo, me disse:

– Christiano, eu já trabalhei nessa empresa e sei que é muito séria. Por que você ainda não aceitou esse trabalho?

– Bem, eu preciso mostrar ao meu pai que estou trabalhando e estudando mais. Se eu entrar nessa empresa com carteira assinada, o que acontecerá? Talvez minha mãe perca sua pensão alimentícia.

Meu amigo perguntou qual o valor da pensão e, após minha resposta, disse:

– Você sabia que seu novo emprego lhe renderia dez vezes mais esse valor?

Naquele momento, fiquei chocado. Não tinha noção do que isso significava. Depois fui conversar com o Roberto Leal, que gostava muito de mim e me disse:

– Christiano, você merece essa oportunidade. Não vou segurar você, se essa for a sua decisão, vá trabalhar.

E assim eu fiz. Realizei a entrevista na Cedisa, fui aprovado e comecei a trabalhar lá. Até hoje sou grato a esse amigo. Sempre que posso, agradeço a ele, pois todos precisamos de pessoas que nos abram os olhos para aquilo que não conseguimos enxergar. Tenho certeza de que você também tem um amigo assim, alguém que já tenha aberto seus olhos para uma oportunidade quando você via apenas um problema. Esse amigo eventualmente lhe perguntará por que você ainda não aceitou a oportunidade que está esperando por você.

Enfrentei muitas dificuldades – inclusive morando no escritório, onde eu dormia em um colchonete – porque olhava para além das circunstâncias momentâneas, eu tinha um objetivo. Acreditei no processo. O meu almoço eram as marmitas que minha mãe enviava pelo motorista de ônibus, então eu tinha que estar tal horário no ponto, mas às vezes ficava muito concentrado no trabalho e esquecia. A marmita ia e voltava até que eu estivesse no ponto, e o motorista me entregava vazia (risos).

No entanto, todo esse empenho e determinação valeram a pena porque, nos dois anos que trabalhei na CEDISA, o escritório (que era só eu) bateu recorde de vendas, e eu era apenas auxiliar de vendas, nem era vendedor. Nessa fase, passei na faculdade de Direito, o que já era outra grande conquista.

O Pai, que cuidava e continua cuidando de mim, me deu um grande presente cerca de seis meses depois. Sempre que alguém era treinado naquele escritório e o gerente precisava tirar férias, um supervisor de outra unidade era enviado para trabalhar junto com o auxiliar da respectiva unidade. Eu seria auxiliar de vendas junto ao auxiliar, para dar continuidade ao trabalho do escritório durante a ausência do gerente.

O gerente da minha unidade ia sair de férias, então me chamaram e disseram:

– Infelizmente não podemos enviar outra pessoa para substituir o fulano. Você terá que ficar sozinho no escritório. Acha que consegue lidar com isso?

– Bom, vou fazer o meu melhor.

Eu admirava aquele gerente e desejava modelá-lo, até o gel na cabeça eu usava igual, comportava-me como ele porque o achava muito sábio, alegre, transparente, tinha uma postura de positividade. Eu seguia seus conselhos, repetia o que ele falava, realmente o admirava. Brincavam comigo dizendo que eu era filho dele (rsrs). Futuramente eu o convidei para ser meu padrinho de casamento, juntamente com sua esposa, Sueli, tamanha é a minha consideração por ele.

Ali estava minha oportunidade, ele iria sair de férias e não havia ninguém para substituí-lo, alguém que ficasse comigo, conforme determinação da empresa. Foi quando aconteceu o extraordinário: nós tínhamos um pedido de fornecimento de aço de uma grande empresa sendo negociado há mais de seis meses; ligaram para o escritório e o responsável da empresa me disse que queria fechar o pedido e me perguntou se eu tinha condições de fazê-lo. Mesmo com medo, eu respondi que sim.

Assumi essa responsabilidade, negociei a venda e quando os pedidos começaram a chegar na matriz (por telégrafo, que depois virou fax), o responsável de lá se assustou, comentou com os outros e começaram a perguntar:

– Quem está na filial tal?

– É um auxiliar, o gerente saiu de férias e ele está sozinho no escritório.

– Como esse cara está conseguindo fazer isso sozinho?!

Inexplicavelmente, um menino, auxiliar de vendas, bateu o recorde daquela unidade e na ausência do gerente. Minha história na empresa ficou marcada por esse feito.

Certo dia recebi uma ligação do Sr. Roberto Onofre, gerente da D. Dalla Bernardina na época, e fui convidado a fazer uma entrevista para o cargo de vendedor. Fui conversar com o Silvino, contei sobre a proposta que eu havia recebido e perguntei se ele não poderia me dar oportunidade de passar a vendedor. Ele respondeu que iria consultar a diretoria e me daria a resposta, era uma sexta-feira; na segunda ele disse que não obteve aprovação. Então eu falei que aceitaria o outro emprego porque eu era arrimo de família e precisava de uma oportunidade dessas depois de dois anos de intensa dedicação, nos quais já tinha provado meu valor como vendedor.

Passei na entrevista para trabalhar na D. Dalla. Os meus sonhos estavam acontecendo, uma vez suprida a questão do trabalho, passei a sentir necessidade de ter uma esposa. Então aconteceu algo extraordinário que conto para todo mundo porque é muito forte na minha vida.

Eu namorava uma menina que se dizia agnóstica – pessoa que não acredita, mas também não duvida de Deus. Sua falta de fé mexia muito comigo, afinal eu imaginava que Deus era tudo para mim, e esse motivo gerava conflitos entre nós. Certo dia, uma pessoa que eu nunca tinha visto, chamada Christian Mary, da Jocum – Jovens com uma Missão, foi à minha igreja e em dado momento chegou perto de mim e disse:

– Eu não te conheço nem conheço sua namorada, mas tenho uma palavra de Deus e preciso entregar pra você. Ele conhece o seu coração, vê sinceridade, mas algo não está agradando a Ele, o seu namoro.

Eu levei um susto! Primeiro porque não sabia que Deus fala conosco usando outra pessoa, segundo porque eu gostava dela, tive que usar muita conversa para conquistá-la pois era a menina mais bonita da cidade. Fiquei bem chateado, como uma pessoa estranha chega para mim e simplesmente diz que meu namoro não agrada a Deus?! Foi um choque.

Briguei comigo mesmo durante dois meses porque não queria terminar o namoro, até que o Espírito Santo começou a trabalhar de uma forma tão extraordinária no meu coração que eu não consegui continuar o relacionamento e tomei a difícil decisão de rompê-lo, mesmo com muita tristeza e sem entender o porquê, mas eu precisava obedecer àquela voz no meu coração. O que eu não sabia é que Deus já tinha preparado alguém para a minha vida.

Ainda abalado pelo fim do namoro, tive uma experiência muito forte relacionada a algo que era muito importante para mim, o sonho de conquistar um relacionamento, de encontrar uma esposa – desde novo, o casamento era muito importante para mim.

Depois que me converti, mudei meus hábitos e passei a me envolver nos eventos da igreja, dentre eles havia os retiros de jovens. Dois retiros me marcaram, no primeiro eu ainda namorava aquela menina mas, mesmo assim, fiquei com outras; no segundo, um encontro realizado no Carnaval, Deus falou fortemente ao meu coração que eu deveria me consagrar porque Ele estava preparando alguém muito especial para mim. Eu tinha deixado de ser conhecido como um menino brigador e passado a ser conhecido como namorador.

Fomos para a Fazenda dos Chalés, o segundo retiro de Carnaval nesse lugar. Antes de ir, eu tinha falado para Deus:

– Eu vou para o retiro, para trabalhar. Não vou namorar ninguém.

Se você já teve a experiência de querer se consagrar, pode imaginar o que aconteceu... Muitas meninas queriam namorar comigo nesse retiro e eu não entendia o porquê, afinal havia tantos outros meninos mais atraentes e com melhor situação financeira. Até a camisa que eu estava segurando – quando perguntei se alguém tinha um ferro de passar – algumas meninas rasgaram porque cada uma puxava de um lado, querendo passar para mim. Foi até assustador porque uma desmaiou, acredita? Eu pensei: *Meu Deus, como eu vou sair disso?* Na verdade, foi uma tentativa de atrapalhar o propósito, o direcionamento que Deus havia me dado, foi uma prova para mim, porém me mantive firme até o final do retiro.

Eu havia levado um amigo que tinha passado no vestibular exatamente para a faculdade em que não passei em Engenharia Civil. Como ele queria ter um tempo de reflexão, aceitou meu convite, porém disse que não se sentiria à vontade no dormitório e perguntou se poderia levar uma barraca para dormir. Eu disse que sim e resolvi dormir nela também a fim de não o deixar sozinho.

Em determinado momento do retiro, Itamar Júnior, o filho do dono da fazenda, fez uma brincadeira de mau gosto: encheu uma sacola de água e jogou na barraca, molhando-a completamente. Diante disso, eu me senti no direito de ir reclamar com a mãe dele:

– Olha, seu filho fez uma brincadeira de mau gosto e molhou toda a nossa barraca, nossas roupas, colchão, está tudo encharcado. Não temos nem condição de dormir lá.

A mãe dele respondeu:

– Tem um quarto vazio aqui na casa e eu gostaria que vocês dormissem nele.

E me levou para dentro da casa, sem a mínima noção do que estava fazendo, pois nem imaginava que aquele menino se tornaria seu genro. Muitos anos depois, minha sogra, Leida, a quem amo de paixão, confidenciou que quando me viu pela primeira vez se apaixonou e pensou: *Esse garoto limpinho, com os dentes branquinhos, com o tênis branquinho, com a mochila toda arrumadinha, bem que poderia ser meu genro.* Ao entrar na casa pela primeira vez, eu conheci sua filha Kamille, que tinha 14 anos. Conversamos algumas vezes, tanto durante o retiro quanto depois e comecei a me interessar por ela, porém não sabia que o sentimento era recíproco.

Esse interesse foi aumentando com o passar dos dias, mas eu pensava: *Essa menina é muito diferente de mim (por causa da situação financeira).* Eu tinha muito medo dessa diferença entre nós, por isso inicialmente não quis colocar a possibilidade de um relacionamento com ela como prioridade na minha vida, ou seja, tratar o assunto como se ela fosse a pessoa que Deus havia escolhido para mim.

Nesse contexto, fiz uma oração que mudaria o rumo da minha vida – a mesma que o servo do pai de Isaque fez quando foi procurar uma esposa para Isaque e pediu um sinal de Deus e encontrou Rebeca. Eu orei:

– Deus, a esposa que o Senhor escolheu vai me dar um sinal, e eu preciso de um sinal muito diferente. Peço que essa futura esposa traga pra mim uma flor ou algo tão significante quanto.

Por incrível que pareça, depois do retiro, num encontro de jovens na igreja, a Kamille apareceu com um marcador de livros de presente para mim, no qual estava escrito: "O homem vê a aparência, mas Deus vê o coração", um versículo bíblico. Quando eu vi, o desenho era o Smilinguido segurando uma flor gigante. Fiquei muito impactado e sem graça, pois entendi que era o sinal. Ela percebeu meu estranhamento e achou que eu não tinha gostado. Mas eu estava tão em choque que apenas falei que depois a gente conversaria.

Ao final da reunião, eu a procurei e disse:

– Eu quero te falar uma coisa muito séria. Primeiro: eu tenho orado pra Deus me trazer uma esposa, eu não quero mais uma namorada. Só que eu pedi a Ele um sinal: que a esposa que Ele escolheu pra mim me desse uma flor ou algo tão significante quanto, porque imaginei que nenhuma mulher daria isso para um homem a não ser que fosse um sinal de Deus. E você me trouxe esse Smilinguido segurando uma flor.

Ela se assustou e falou:

– Então eu preciso te contar o que aconteceu. Eu passei na banca da igreja, vi esse Smilinguido e senti que deveria dar pra você, só que fiquei sem graça de te dar algo sem termos a mínima intimidade. Decidi não comprar e vim assistir à reunião. Quando acabou, novamente senti um desejo forte de comprar esse marcador, voltei à banca e não tinha mais. Então pensei que, se fosse pra eu te dar mesmo, o Smilinguido iria voltar para minhas mãos. No momento em que pensei isso, veio uma criança, "Rebeca", filha do pastor Grativol, me entregou o marcador e disse que não queria esse, queria outro. Aí eu tive certeza de que era pra eu te dar.

Enquanto eu escrevia e revisava este capítulo, me dei conta de que fiz a oração com base na experiência da Rebeca da Bíblia, e como resposta foi usada outra Rebeca, pois nada, absolutamente nada é por acaso, Deus é Deus de detalhes. A partir desse dia, nós começamos a orar sobre um possível namoro. No início foi muito estranho para mim, pois eu era namorador e quando via alguém orando para entender se namorar determinada pessoa era propósito de Deus, eu fazia questão de dar em cima da menina até que ela namorasse comigo. Aí eu falava:

– Pra que eu vou ficar esperando Deus me responder sobre namoro se eu posso namorar com você agora?

Então, quando senti no coração que eu deveria orar por essa causa, não fez sentido algum. Mas assim eu fiz, ou melhor, nós fizemos. Depois de um tempo de oração, precisamente no dia 4 de abril de 1992, eu ia encontrar a Kamille, mas antes falei com Deus:

– A Kamille é muito diferente de mim, tem um nível social muito acima do meu, eu não tenho condições de namorar essa menina. Eu sou pobre, não tenho pai, minha mãe é doente, como esse relacionamento pode dar certo? Se isso vem do Senhor mesmo, me dá uma palavra agora.

Em seguida abri a Bíblia e li: "No amor não existe medo; antes, o perfeito amor lança fora o medo [...] aquele que teme não é aperfeiçoado no amor" (1 João 4:18).

Eu contei essa experiência para a Kamille e a partir de então decidimos iniciar o namoro, baseados nessa palavra, mas impus uma condição:

– Só se eu falar com seu pai, senão não tem namoro.

– Então não vai ter jeito, porque meu pai disse que só posso namorar quando tiver 15 anos.

– Eu não abro mão porque meu último namoro foi na escada da casa da menina, durante um ano, dois meses e vinte dias (essa é uma brincadeira que eu faço com a minha esposa sempre que conto essa parte dessa história), porque ela dizia que o pai não queria que eu entrasse. Quando terminei o relacionamento, fui conversar com os pais dela e soube que ela é quem não queria que eu entrasse, isso me deixou muito decepcionado. Agora só aceito namorar se eu falar com seu pai.

Assim, Kamille conversou com o pai e ele me chamou para batermos um papo. Mas antes ela me contou que perguntou:

– Mas, pai, você vai perguntar o que pra ele: "Quais são suas intenções?"

– Exatamente.

Quando eu cheguei para o encontro, a mãe da Kamille me disse:

– O pai dela tem uma cara meio brava, mas não liga, não. Ele é um homem bom.

Eu me lembro como se fosse hoje do que ele me falou, decorei para usar com meus futuros genros (risos):

– Essa menina é o meu bem mais precioso. Eu não quero saber o que você tem ou deixa de ter; não quero saber se sua família tem posses ou não tem posses. Nada disso me interessa, a única coisa que me interessa é o seguinte: você tem aqui o maior presente que eu poderia te dar. Se você tratar a minha filha bem, terá dois amigos, eu e a minha esposa. Você entrou pela porta da frente, se um dia tiver que sair, que seja pela mesma porta. Você é mais velho do que ela, que tem 14 anos, e eu tinha dito que só ia namorar quando tivesse 15. Mas eu confio em você porque sei do empenho e da dedicação que você tem com a obra de Deus. Por isso estou te dando esse privilégio de estar comigo na minha casa e iniciar esse namoro com a minha filha.

Aí nós relaxamos, foi aquela alegria e começamos a namorar, certos de que a escolha tinha sido de Deus.

Confesso que durante muito tempo eu enfrentei discriminação por parte das pessoas com quem passei a conviver (não da família da Kamille) e ouvi muitas vezes que eu tinha dado o golpe do baú, até mesmo de familiares e amigos meus. Porém eu sabia que na verdade a escolha não tinha sido minha, mas de Deus.

CAPÍTULO 8

AS ALIANÇAS

Minha vida estava caminhando bem, meus sonhos começaram a se realizar, como eu já disse: eu tinha um bom trabalho, podia ajudar a minha mãe e a minha irmã, estava iniciando o curso de Direito numa faculdade renomada e, o mais extraordinário, me relacionando com a Kamille, a futura esposa que Deus tinha me dado.

No início tivemos algumas dificuldades de adaptação, e certa vez me lembro de ter falado com aquela menina de 14 anos, brincando, que nossos relógios estavam desajustados, e ela respondeu com firmeza:

– Então acho melhor você regular seus ponteiros.

Percebi imediatamente sua personalidade forte e "caí do cavalo" (rsrs). Eu brincava que namorava uma menina tão jovem para poder moldá-la à minha maneira, mas desde o início percebi que isso não aconteceria. E não aconteceu, a diferença é que hoje essa personalidade é respaldada na inteligência emocional.

De um lado, as alegrias desse relacionamento; de outro, a minha mãe continuava trazendo problemas financeiros para mim. Ela comprava coisas sem pagar, o que me colocava em dívidas frequentes. Diversas vezes, precisei até usar o dinheiro das férias sem usufruí-las e ainda ficava sem nada, para acertar as contas que minha mãe deixava pendentes.

Alguns comerciantes sabiam que por eu ser uma pessoa honesta, pagaria as dívidas, e usavam essa confiança como artifício a fim de continuarem vendendo para minha mãe, contando que eu assumiria a responsabilidade. Quando dei por mim, tinha virado avalista dela. Isso resultou em sobrecarga financeira para mim, pois às vezes me via incapaz de pagar todas as minhas próprias despesas. No entanto, eu precisava assumir essas responsabilidades para ter paz e continuar morando com minha mãe, isso foi pouco tempo antes de eu sair de casa, porque a situação se tornou insustentável.

Apesar desses desafios, eu continuava a sonhar com uma família. Durante um período, a

Kamille decidiu estudar em outra cidade, enquanto eu permanecia em Cachoeiro de Itapemirim. Ela foi para Belo Horizonte com o objetivo de estudar Medicina, um impacto para mim pois nunca imaginei que ficaríamos separados. Continuamos nosso relacionamento mesmo assim, vendo-nos por poucos dias em períodos de aproximadamente 45 em 45 dias durante quase dois anos. Era difícil para um jovem ter a namorada distante, mas eu tinha certeza de que Deus tinha colocado a Kamille em minha vida e faria de tudo para preservar esse relacionamento, mesmo à distância.

Nossas conversas eram principalmente por carta, mas eu me lembro claramente de usar orelhões a fim de ligar para ela. Kamille morava com a avó materna, Dona Clarice, que sempre atendia o telefone e me dizia para não ligar mais para a sua neta, porque ela ficava chorando por minha causa, o que me deixava preocupado e confuso. Além disso, ela queria que a Kamille namorasse o filho único de um fazendeiro de lá. Eu só ouvia e continuava colocando fichas, esperando a Kamille pegar o telefone para podermos conversar, mas a avozinha dela não o largava. Essa situação persistia até que, após várias tentativas, eu conseguia finalmente falar com a Kamille apenas por alguns momentos porque já não tinha tantas fichas. Então ela passou a vir me ver.

Mas eu não me conformava de ficarmos longe por períodos tão prolongados e um dia pensei: *Eu preciso criar uma estratégia; não posso falar para ela voltar, mas estou sentindo muito sua falta.* E como nessa época eu já tocava violão, para amenizar a distância eu escrevia canções a ela. Cada vez que a Kamille vinha me visitar, eu tinha uma nova música expressando meu desejo de tê-la de volta. Essas canções falavam sobre a saudade que eu sentia e a vontade de estar ao seu lado novamente.

Só que o tempo não espera

E a vida vai passando

O futuro ainda é incerto

Na certeza de te amar

Minha vida te entregar

Eu te amo

Quero ser feliz contigo

Ao teu lado quero sempre caminhar

Ser teu braço forte, protetor e amigo

Na alegria e na dor

Cultivar o nosso amor

Eu amo você.

E assim foi até a época do vestibular. Ela resolveu não cursar Medicina e fazer Direito – passou em várias universidades, mas escolheu voltar para Cachoeiro de Itapemirim. Eu já estava cursando Direito e ela disse para o pai que, por um teste vocacional, ela deveria fazer Direito e que escolhera uma faculdade em Cachoeiro. O pai dela riu e disse que tudo bem, ela poderia voltar.

Kamille foi aprovada na mesma faculdade onde eu estudava, então voltamos a ter um relacionamento próximo e intenso. Porém a mãe dela estabeleceu uma condição: se ela ficasse em Cachoeiro, teríamos que nos casar. Isso nos pegou de surpresa, pois Kamille tinha apenas 18 anos e eu 23. Ainda não tínhamos recursos suficientes para nos casar. Afinal de contas, eu era arrimo de família, sustentava a minha mãe e a minha irmã. Como seria?

No entanto, como era uma condição imposta, coloquei no coração que nós daríamos um jeito e decidimos ficar noivos. Conversamos com o pai dela, que concordou com o noivado, mas imediatamente perguntou:

– Qual a data do casamento?

Estávamos em agosto, eu engoli em seco e respondi:

– Setembro.

– Deste ano?

– Do próximo ano, pois teremos um ano para juntar recursos.

Aconteceu um fato muito interessante durante o nosso noivado. Eu tinha evoluído um pouquinho financeiramente, trocado o meu carro, mas precisava comprar as coisas para a gente casar. Já tinha passado mais da metade do tempo entre o noivado e a data do casamento e não tínhamos conseguido juntar dinheiro para montar a casa. Não se esqueça de que eu era arrimo de família.

Num sábado, fui lavar o carro que eu tinha comprado, sempre fui muito caprichoso. Quando estiquei a mangueira, vi que ela não alcançaria o veículo todo, seria preciso movê-lo. Logo depois do meu, estava estacionado o carro do meu vizinho, dono da loja da frente. Assim, entrei no carro e virei a chave. Quem já teve carro a álcool sabe que ele não pega de manhã, é preciso puxar o afogador, e o meu era assim, nunca pegou de primeira. Porém, contrariando o que sempre acontecia, o meu pegou de primeira e deu um tranco porque estava engrenado, amassando o carro do meu vizinho.

Pronto! Além de não ter dinheiro para casar, ainda bati o carro!

Do outro lado da rua morava uma das pessoas mais influentes da cidade; vendo o ocorrido, ela veio falar conosco:

– Eu vi que aconteceu um acidente. Por que vocês não fazem um acordo? Como o carro da frente tem seguro, falem que foi ele que deu ré e bateu no de trás.

O meu vizinho aceitou de bom grado, pois tinha seguro. Eu vi que eles tiveram boa intenção, mas meu coração não aceitou aquilo, então eu respondi para a pessoa que tinha feito a sugestão:

– Muito obrigado pela sua bondade e preocupação, mas eu não vou fazer isso porque não foi assim que aconteceu e eu não ficaria em paz.

Naquele instante eu determinei que sairia no prejuízo, mas não mentiria, porque o Deus que conheci aos 14 anos tinha me ensinado que honestidade e verdade fazem parte do caráter dEle e eu não queria negar o caráter do meu Pai Celeste.

Mais tarde eu contei essa história à Kamille, que por sua vez contou ao Itamar, seu pai. Foi tão impactante para o meu sogro, que ele falou:

– Com esse menino você pode casar, porque não há dúvida de que ele será um grande homem de valores e de sucesso.

Meu carro ficou um tempo batido na garagem e eu precisei dividir em várias prestações o conserto do veículo do vizinho. Enquanto isso eu obviamente continuava sem dinheiro para casar. Vendo que a data do casamento estava chegando, meu sogro me fez uma proposta:

– Christiano, eu vou deixar com você o carro da Kamille, você vende o seu e compra os móveis. Eu vou dar a casa pra vocês, ela já está reformada.

E assim nós fizemos. Foi apertado, mas conseguimos comprar os móveis para nossa casa. Em meio a tantas bênçãos, eu ainda pude comprar o par de alianças que a Kamille queria, com uma esmeralda. Deus me abençoou e vendi bastante durante esse período.

O pai da Kamille é muito festeiro e queria fazer uma grande festa de casamento; eu e a Kamille queríamos viajar na lua de mel. Então lhe pedimos que nos desse o dinheiro da comemoração para usarmos na viajem. Ele perguntou:

– Para onde vocês querem ir?

Acostumada com coisas boas, Kamille simplesmente disse:

– Cancún.

Eu dei um pulo:

– Pra onde?!

– Cancún.

– Onde fica isso?

– No México.

Naquela época, estava muito na moda viajar para lá.

O pai dela falou:

– Eu não vou pagar a viagem. Dividam o valor em várias parcelas, vocês já têm os móveis e a casa. Vou fazer a festa.

E fez uma comemoração incrível para mais de quinhentas pessoas em um clube famoso da cidade, onde reunimos todos os amigos.

No final das contas, Deus permitiu que eu consertasse o carro, a Kamille ganhou um carro do pai, eu vendi o meu, compramos os móveis e ainda conseguimos ir para Cancún na lua de mel. Tivemos festa, móveis, carro e viajamos para um lugar lindo.

Eu era um cara tão da roça, que nós fomos pernoitar em um hotel na noite de núpcias para dali seguirmos viagem de lua de mel, e a Kamille deixou a roupa que iria usar em cima da cama. Eu olhei e já dei o primeiro furo:

– Olha que legal! Eles já deixam até pijama aqui pra gente!

Ela deve ter pensado: *Meu Deus, onde eu entrei com esse menino tão capiau, tão sem conhecimento?!* (risos)

Entendo que por causa da minha aliança com Deus, ao não negar meus princípios, meus valores, fui tremendamente abençoado. Como consequência, não apenas fui aprovado pelo pai da minha esposa, mas o fato de eu ter me negado a mentir fortaleceu minha aliança com ele, que é como um pai, e obviamente minha aliança com a Kamille.

Assim, viajamos para Cancún, onde passamos momentos maravilhosos, mas naquele lugar incrível já começaram as crises, porque eu comecei a pensar na minha família e não me sentia merecedor de estar lá. Além disso a Kamille comprou várias coisas, queria dar presente pra fulano e beltrano, e eu achei um absurdo.

Quando nós voltamos da lua de mel e fomos para a casa que o pai dela tinha deixado reformada, tomei um grande susto: eram três quartos – um para o casal, outro com uma cama de solteiro e o terceiro cheio de sapatos, de cima até em baixo. Eu nunca tinha visto tanto sapato, ela era uma centopeia?! Afinal de contas eu tinha um tênis, um chinelo e um sapato para trabalhar. Ali começaram outras brigas, motivadas pelo meu enorme complexo de inferioridade.

Logo depois eu levei outro susto: recebi uma ligação da Caixa Econômica e a pessoa me informou que eu era o avalista de um grande empréstimo. Por causa do seu transtorno, minha mãe desentranhou uma certidão de nascimento minha e usou como documento, tornando-me seu codevedor. Eu respondi que não era possível assumir a dívida.

Então alguns parentes começaram a me ligar, dizendo que eu não queria ajudar minha mãe por causa da Kamille, que começou a ser atacada mal tinha entrado para a família. É claro que nossos problemas aumentaram. Até o dono da casa que minha mãe estava comprando foi ao meu encontro, tentando me ameaçar:

– Se você não pagar, vai dar problema porque a sua mãe me fez reformar a casa, eu gastei dinheiro para isso, contando com a venda, e agora você não está querendo pagar o empréstimo.

Enfim, fui posto em uma situação muito delicada. Eu e a Kamille fomos chorando à casa dele depois, pedir que parcelasse a dívida em não sei quantas vezes. Isso nos trouxe uma dificuldade enorme, pois já tínhamos as parcelas da lua de mel e eu não tinha condições de pagar as parcelas do empréstimo. Foi um período de muito aperto.

Em meio a esse caos financeiro, certo dia a Kamille acordou sem conseguir mexer um músculo, apenas os olhos. Começou a fazer exames e seu pai resolveu procurar os melhores médicos para descobrir o que estava acontecendo. Descobriu-se que ela fora acometida por uma doença autoimune chamada lúpus e ficou acamada aos 19 anos. O tratamento é à base de corticoide e muitos outros remédios, porém, mesmo com tanta medicação, ela sofreu demais e por muito tempo.

Esse tipo de doença fica latente no organismo e a pessoa pode passar a vida toda sem desenvolver. No caso da Kamille, o gatilho foi a dívida da casa feita pela minha mãe sem nós sabermos, isso gerou em mim muita raiva e mágoa na época, porque nossa vida financeira era toda programada e estávamos literalmente pagando por algo que não escolhemos. Esse fato me fez tanto mal que eu não conseguia mais conviver com a minha mãe. Eu a encontrava nas datas comemorativas, mas ia com peso. E durante muito tempo eu "obriguei" minha esposa a ir junto, até que eu a liberei desse fardo.

No entanto, a vida continua e não podemos nos entregar. Eu consegui quitar essas dívidas, com Kamille sempre ao meu lado, muito empreendedora, constantemente me orientando para que, além do meu trabalho, eu investisse em outras áreas, como na de imóveis. E assim fomos aos poucos nos livrando das dificuldades. Sempre honrando nossa aliança e crendo naquela palavra que recebemos anos antes:

"No amor não existe medo; antes, o perfeito amor lança fora o medo [...] aquele que teme não é aperfeiçoado no amor" (1 João 4:18).

CAPÍTULO 9

A COCA-COLA

Volto a compartilhar um pouco da minha vida profissional. Eu estava há quase oito anos como vendedor na D. Dalla Produtos Siderúrgicos, sempre me destacando e obtendo bons resultados nessa empresa, uma das maiores do Espírito Santo.

Um belo dia, recebi uma oferta de promoção interna, passar de vendedor a gerente. Fui informado de que teria a oportunidade de conhecer outra unidade, fora do Espírito Santo, onde seria testado como gerente – era o que eu esperava. Fui almoçar com o dono da D. Dalla, Ronaldo Roque Campo, que me falou um pouco sobre a empresa e a oportunidade que eu teria.

Ele me perguntou se eu queria saber quanto iria ganhar, mas eu disse que já estava na empresa há 10 anos, esperava por tal promoção e fazia questão de assumir o compromisso com ele:

– Eu só preciso saber quando eu começo.

Ele olhou nos meus olhos e disse:

– Quando você terminar essa Coca-Cola!

– Ok, vamos lá então.

Assim, aceitei sem saber o salário. Terminamos o almoço e, apesar de a Coca-Cola ter me causado um certo desconforto, fomos conhecer a unidade. Ronaldo me levou até lá e me apresentou aos colegas, dizendo que eu ficaria um mês como teste; se fosse aprovado, provavelmente seria o próximo gerente. Isso aconteceu no final de novembro de 1999.

Passei dezembro aplicando as habilidades que já tinha e as que eu queria desenvolver. Obtive bons resultados e retornei à minha unidade de origem como vendedor. Fiquei mais três meses atuando nessa função, e as pessoas me perguntando quando seria promovido a gerente.

Enquanto eu esperava a resposta, tive uma experiência marcante durante a oração em um grupo da igreja. Certa pessoa se levantou e disse:

– Eu vejo diante de você um grande desafio. Um campo muito árido, de solo duro, no qual você vai ter que trabalhar revirando a terra. Mas há uma grande fonte com uma bomba de água no meio do terreno. Eu vi você bombear água com esforço e, quando não tinha mais forças, um anjo vinha, colocava a mão em seu ombro e te dava força para continuar. No final desse trabalho o lugar tinha virado um lindo jardim todo florido.

Entendi que essa visão era uma promessa para a nova função como gerente. E foi exatamente o que aconteceu em 2001. Recebi a oportunidade de ser gerente em uma unidade no estado do Rio de Janeiro, em Campos dos Goytacazes. Foi uma experiência maravilhosa, na qual fui abençoado de todas as formas possíveis.

Aquela unidade era problemática e quase ninguém da empresa queria ser promovido para lá por ser a única fora do Espírito Santo e a menos conhecida. No entanto, aceitei o desafio, confiando na promessa e visão que havia recebido de Deus. Durante três anos, fui extremamente abençoado naquela cidade, exercendo a função de gerente.

Um dia, após esses três anos, recebi a visita do Ronaldo, satisfeito com os resultados. Ele me disse que tinha outro desafio para mim: cuidar de uma unidade em Cachoeiro de Itapemirim, exatamente onde eu havia trabalhado antes. Aceitei o desafio novamente e perguntei:

– Quando, depois dessa Coca-Cola?

– Exatamente!

Voltei para Cachoeiro com minha esposa e iniciei um novo trabalho, como gerente na unidade da qual eu tinha saído. Durante muito tempo, fui bem remunerado na empresa, com ótimas condições. Deus me abençoou e colhi os frutos de toda minha vida de semeadura em estudos, dedicação, sacrifícios e honestidade, pois passei a liderar a unidade que mais vendia, e vendia com a melhor margem e o menor custo operacional. Tinha uma equipe motivada, sólida e com uma visão ampla do mercado, o que nos levou a alcançar muitos resultados favoráveis.

No entanto, senti a necessidade de ter um espaço maior para realizar meu trabalho com aquele grupo e comecei a pedir por isso. Muitas coisas tinham acontecido e experiências foram vividas, sentia-me grato, mas ainda faltava algo.

Kamille estava melhor, tinha passado aquela fase tão difícil da doença, possibilitando-lhe uma vida totalmente diferente, já sem os remédios. Então os sonhos estavam sendo realizados, nosso casamento estava ótimo, a vida profissional fluía de forma extraordinária, eu tinha terminado a faculdade e, apesar de não estar exercendo a profissão, ter o 3º grau possibilitou a minha promoção pois era uma *skill* a mais. Ou seja, eu tinha realizado todos os sonhos que defini; mas, mais uma vez, a vida me surpreendeu.

Hoje, 22 anos depois daquela palavra que me foi entregue na reunião de oração, eu estou vivendo o complemento da promessa. Estou morando em Campos dos Goytacazes novamente.

CAPÍTULO 10

O REENCONTRO

Quando tudo parecia perfeito, com a minha vida profissional ajustada e o casamento em ordem, aconteceu novamente um fato que gerou uma grande mudança na minha vida. Certo dia, enquanto conversava com minha irmã na casa da nossa mãe, comentei com ela:

– Será que os seus irmãos não querem te conhecer?

Ela respondeu de forma decidida:

– Eu é que não quero conhecê-los.

Naquele momento, fiz uma reflexão e, sem saber, uma profecia – liberei uma palavra que se tornaria realidade. Não tinha ideia do impacto profundo que minhas palavras teriam e da reviravolta que ocorreria em minha vida.

Eu disse para minha irmã:

– Quem me dera se meus irmãos quisessem me conhecer...

Essas palavras reverberaram universo afora. E o dono desse universo olhou para mim e disse: "É hora de eu atender seu desejo".

Exatamente dois meses depois, recebi uma ligação em casa à noite. Era a prima do meu pai, Lusmar, com a qual eu havia me conectado na primeira vez que o procurei. Ela me disse:

– Christiano, tenho uma ótima notícia para você. Sua irmã Jamile, filha do seu pai, quer te conhecer e perguntou se você pode encontrá-la.

Respondi prontamente:

– Com certeza! Será um prazer encontrá-la.

Minha prima passou meu telefone para a Jamile, que poucos dias depois me ligou:

– Ei, tudo bem? Eu acho que sou sua irmã.

– Não, eu tenho certeza, você é minha irmã!

E começamos a conversar. Descobrimos algumas coisas em comum. Por exemplo, ela trabalhava com comércio internacional e uma das cidades que costumava visitar para comprar granito era onde eu morava. Comentamos sobre a coincidência de ela vir a Cachoeiro de Itapemirim a cada 15 dias, e sugeri que nos encontrássemos. Marcamos a data e convidei-a para almoçar.

Como eu estava um pouco inseguro, convidei a Kamille para ir comigo. Logo de início, demos um abraço apertado e houve uma conexão tão forte que minha esposa ficou surpresa e confessou mais tarde que sentiu ciúmes, pois nunca imaginou duas pessoas que nunca se viram terem uma conexão profunda instantaneamente.

Durante o almoço, confesso que eu não tinha palavras, ficava olhando para a Jamile, tentando processar o que estava acontecendo; afinal de contas, dois meses antes eu havia dito: "Quem me dera que os meus irmãos quisessem me conhecer...", e ali estávamos nós conversando. Passamos cerca de uma hora e meia juntos, foi a materialização de algo que eu tanto queria, conhecer meus irmãos por parte de pai. Não considero coincidência.

Enquanto eu olhava para minha irmã, calado, ouvindo as coisas que ela dizia, Kamille, mulher e curiosa, lhe fazia muitas perguntas:

– Vocês falam sobre o Christiano?

– Não, eu me lembro de apenas uma vez, quando eu era criança, na qual meu pai disse que tinha mais um filho, o Christiano. Mas eu confesso que bloqueei isso e depois nunca falamos sobre esse assunto.

A minha esposa continuou:

– Mas vocês não receberam o convite de formatura dele na faculdade?

– Olha, eu não tive acesso.

– E o convite de casamento?

Eu tinha feito questão de colocar o nome do meu pai, mesmo não o tendo no meu registro, junto com o da minha mãe.

Jamile respondeu:

– Não, também não tive acesso.

Minha esposa perguntou:

– Como é que você encontrou o Christiano?

– Conversei com meu pai, disse que eu queria conhecer meu irmão, e a minha mãe entrou no meio da conversa: "Pra que você quer conhecer esse menino? Você tem um irmão aqui dentro de casa e nem conversa com ele direito!" (rsrs) Eu insisti, dizendo que queria conhecer o Christiano assim mesmo. Meu pai falou que não tinha o contato, só sabia que ele é advogado e me falou para procurar na OAB. Mas depois lembrou que ele entrou em contato com uma prima na mesma época em que o procurou e me disse para conversar com ela.

Então Jamile conversou com essa prima, que tinha contatos na igreja à qual eu pertencia. Ela conseguiu falar com algumas pessoas e, finalmente, chegou até mim. Kamille e Jamile desenvolveram amizade durante essa conversa, enquanto eu permanecia calado, observando e tentando assimilar o que estava ocorrendo.

Após o almoço, deixei Jamile no trabalho dela, levei Kamille para casa e voltei ao trabalho ainda perplexo com tudo o que tinha acontecido. Por volta das 16 horas, meu coração estava disparado e eu sentia um nó na garganta, creio que meu corpo estava somatizando, pois não tinha digerido não o almoço, mas o encontro daquele dia. Ao entrar em casa e me sentir seguro, eu desabei no choro sem entender o que estava acontecendo.

Liguei para a Jamile e disse:

– Você não tem noção do que fez quando me procurou, eu tinha esse sonho. Há pouco tempo pedi a Deus para isso acontecer e hoje você realizou esse sonho. Quero te agradecer, eu te amo muito!

Nós dois choramos bastante e, a partir de então, começamos a desenvolver um relacionamento de irmãos. Logo a Jamile se dispôs a me apresentar o Brian, nosso irmão, e articulou esse encontro. Marcamos um café, onde realizei mais um desejo da vida toda: encontrei o Brian, meu irmão. Assim que chegou, ele me deu um abraço e um beijo. Eu olhei nos seus olhos e falei:

– Cara, eu sempre quis ter um irmão forte!

Ao que ele respondeu:

– E eu sempre quis ter um irmão alto!

Passamos a tarde toda conversando e a partir dali iniciamos nossa relação entre irmãos.

Passou um tempo e um dia recebi uma ligação da esposa do meu pai, Aglaés, me chamando para tomar um café na casa deles. Costumo dizer que ela é minha "boadrasta", eu me lembro da Aglaés sempre atender os telefonemas da minha mãe de modo muito educado apesar dos desaforos que ouvia. Até então, eu não havia comentado com a minha mãe o fato de estar me relacionando com meus irmãos, preferi manter em segredo até que isso estivesse realmente bem resolvido.

Confesso que, enquanto me preparava para o café, eu tive um ataque fortíssimo de coluna por causa do estresse. Fui parar no hospital e tomei morfina para a dor, mas eu sabia que era emocional. No final da tarde me levantei um pouco melhor, fui embora do hospital, e fomos, eu e a Kamille, ao encontro da minha "boadrasta" e dos meus irmãos.

Ao chegarmos ao apartamento muito bem localizado, começamos a conversar, tomando café, e lá pelas tantas a Aglaés falou:

– Seu pai não diz sim nem não pra encontrar com você. Quando ele chegar, provavelmente você ainda estará aqui, eu queria que você se preparasse para esse momento.

Imediatamente toda preocupação brotou em mim novamente, só conseguia me lembrar da rejeição que eu havia sofrido no primeiro encontro com meu pai aos 18 anos. A fatídica frase "Não quero esse relacionamento" martelava na minha cabeça. Tudo o que eu senti naquele dia voltou e foi tomando conta de mim; mas, de alguma forma, Deus começou a trabalhar o meu coração e o meu emocional. Fui ficando tranquilo, em paz...

Até que ouvi o barulho da porta abrindo, na minha mente era uma porta gigantesca porque o barulho que fez me pareceu eterno, de tão longo. Ouvi os passos se aproximando, a minha mente girava: ele vai me rejeitar de novo, ele vai me rejeitar de novo... De repente aquela figura alta entrou na sala, deu um sorriso para a esposa, um beijo na filha, um beijo no filho e sentou de frente para mim.

Nesse momento fui tomado por um amor tão grande, tão grande, que eu não sabia explicar. Houve ali um perdão completo no meu coração, eu olhei para aquele homem e só consegui falar uma coisa:

– Eu estou aqui pra somar. Se for pra dividir, eu não quero estar aqui. Se você quiser falar sobre o passado, tudo bem porque tenho muitas dúvidas; mas se você não quiser, a nossa conversa começa daqui pra frente, a nossa história é de hoje em diante e eu não quero mais saber do passado.

Meu pai me olhou e disse:

– Tudo bem.

Eu saí dali muito feliz, transbordando! E dali pra frente passei a conviver com meu pai.

Meu sogro, Itamar, era minha referência de pai, afinal o conhecia desde os 19 anos. Por isso, conectei os dois, que quiseram conversar. Meu sogro ligou para o meu pai e disse:

– O negócio é o seguinte, você está chegando agora, esse menino já está criado, formado, casado, tem trabalho. Então, no mínimo, nós vamos dividi-lo no meio, eu sou metade pai dele e você é metade pai dele.

Essa validação do meu sogro fortificou muito a minha imagem perante o meu pai e foi uma alegria para ele. Outro momento emocionante foi no dia em que pela primeira vez eu pedi a bênção ao meu pai – costume que minha mãe ensinou e que os filhos dele não têm – e ele chorou comovido.

Após o reencontro, eu e meu pai vivemos momentos maravilhosos. O primeiro Dia dos Pais foi muito marcante para mim. Eu fiz um cartaz lindo para ele com fotos de quando eu era criança, inclusive aquela em que fui orador aos 6 anos, fotos do meu casamento, da minha formatura e de outros acontecimentos importantes. Também escrevi algo que mexeu muito com ele:

"Pai, se eu disser que você não me fez falta durante esses momentos, eu estarei mentindo. Mas quero dizer, no primeiro Dia dos Pais, que a nossa história começa agora."

De repente eu vi aquele alemão chorando convulsivamente, rendido à minha declaração de amor. Foi um misto de sofrimento, alegria, cura e libertação de toda culpa. Um momento extraordinário! Esse perdão foi tão libertador, que hoje os amigos do meu pai dizem que eu mudei a vida dele, era como se ele carregasse um fardo pesado e, de alguma forma, a minha chegada na vida dele trouxe alegria e leveza.

Confesso também que os meus amigos dizem que, antes do encontro com o meu pai, eu era um Christiano esquisitinho e que depois o Chris Storck é outra pessoa, uma versão muito melhorada do anterior. O perdão é um dom tão profundo de Deus, que não impacta apenas a vida do que é perdoado, mas, acima de tudo, impacta de maneira positiva a vida de quem perdoa, e eu sou uma prova viva disso.

Quando eu e meu pai começamos a conviver, eu já sabia a dor que ele sentia em relação aos sofrimentos que a minha mãe tinha causado. Por isso eu disse, no nosso primeiro encontro, que se ele quisesse falar sobre o passado, eu gostaria porque havia muitas lacunas que eu queria esclarecer. Porém, se ele não quisesse, tudo bem, viveríamos dali pra frente. E durante uns dois anos nós não falamos sobre o passado, apenas curtíamos o presente.

Até que em determinado momento ele se sentiu à vontade e disse:

– É duro eu te dizer, mas preciso falar a verdade: a sua mãe era igual às outras mulheres, não era alguém especial com quem eu tinha um relacionamento sério.

Eu respondi que me sentia feliz pelo fato de ele se abrir, porque eu estava maduro para ouvir tal verdade.

Eu e meu pai já nos relacionávamos há um ano e eu ainda não tinha contado à minha mãe.

Porém, quando foi diagnosticada com carcinoma e internada, pelo medo de perdê-la sem que ela soubesse da restauração do meu relacionamento com meu pai, resolvi contar.

Com o máximo de jeito, cuidado e preocupação pelo estado da minha mãe, eu disse:

– Mãe, quero te contar uma coisa: faz um ano que tenho convivido com meu pai.

Ela começou a chorar, olhou dentro dos meus olhos e falou:

– Meu filho, você merecia esse momento.

Eu suspirei profundamente e, em paz, dei-lhe um abraço. Eu me senti livre e pronto para viver o que eu pudesse com o meu pai.

CAPÍTULO 11

A IDENTIDADE

A nossa mente muitas vezes interpreta as situações de modo distorcido. Explico: na fase em que eu estava realizando meus sonhos – convivendo com meu pai e irmãos, tinha a aprovação da minha mãe, uma família, era bem-sucedido no trabalho, bem relacionado na sociedade –, minha cabeça entendeu isso de modo deturpado.

Na melhor fase da minha vida até então, fui assolado por uma grave crise. Alguns diziam que era a crise da meia-idade, mas eu era muito novo, tinha 38 anos; outros diziam que era *burnout* por causa do estresse como executivo. Hoje sei que foi crise de identidade, eu me desconectei da minha essência – digo isso porque não sabia quem eu era, não me reconhecia nas minhas atitudes.

Entrei em parafuso e numa autodestruição que me fez desejar abrir mão do que eu tinha conquistado, especificamente do meu trabalho e casamento. Eu estava entendendo as coisas de forma invertida e o que era uma bênção se tornou um peso. Era o peso da minha identidade, eu sabia que era filho de Deus, mas aquele pacto que eu havia feito – com base em TER, e ter para mostrar ao meu pai – me fez esquecer de SER.

Agora que não precisava provar mais nada para ninguém, eu pensava: *Quem sou eu agora? Vou trabalhar pra quê? Vou ter as coisas pra quê? Nada disso faz sentido.* E inconscientemente eu quis abrir mão dos meus valores, algo tão caro para mim.

Comecei a frequentar bares e a beber. Fiz coisas que eu nunca tinha feito, para tentar descobrir ou esquecer (não sei) o que eu estava vivendo. E assim foi durante dois meses, período em que sofri muito por atitudes e decisões erradas que tomei e que tiveram consequências por um ano. Além de não saber quem eu era e, portanto, do que eu era capaz, não me sentia merecedor de tudo o que eu havia conquistado e por isso queria jogar tudo para baixo.

Empenhei tanto esforço em conquistar coisas, em ter para mostrar ao meu pai, que me esqueci de ser, além de – com o passar dos anos – ter ido perdendo o relacionamento de intimidade com Deus. Portanto, quando consegui atingir o objetivo que impulsionou minha vida até aquele momento, eu me perdi por um tempo. Cheguei a pensar em sair de casa, porque meu casamento não estava indo bem, nem poderia, afinal eu estava péssimo.

Quando você faz, faz, faz para ter e não se preocupa com o ser, perde sua essência e não se acha digno de usufruir das conquistas, por isso se autossabota e joga tudo para baixo, quer destruir o que foi arduamente conquistado. Se a base da sua pirâmide não está boa, ela vai ceder. Tome cuidado! Se você não sabe quem você é, pode destruir sua vida em questão de minutos.

Existem pessoas que vivem destruindo a própria vida porque não sabem quem são, entram num círculo vicioso de conquistarem para ter as coisas e, quando as conquistam, dão um jeito de destruir – seja o casamento, seja a empresa. Torna-se um vício emocional de recomeçar reiteradas vezes.

Kamille sofreu muito no período em que me desconectei do Eterno e da minha identidade nEle, mesmo assim permaneceu firme comigo porque sabia que o nosso casamento não havia sido feito de qualquer jeito, ele tinha uma origem e uma promessa, foi algo gerado no coração de Deus, e Ele nos deu sinais. Graças a Deus, foi um período muito curto e minha esposa foi fundamental. Dentre várias atitudes sábias, um dia ela me disse:

– Eu sonhei com uma ponte e do outro lado dela estava você, destruído e clamando, me pedindo para não desistir de você.

Eu havia decidido sair de casa naquela noite. A Kamille foi tão sábia que pôs uma Bíblia, sem eu ver, na minha mochila. Depois de beber, fui dormir num hotel, eu estava me sentindo devastado. Já era madrugada quando dei por mim e percebi que nem banho eu tinha tomado, então abri a mochila e dei de cara com a Bíblia.

Foi como se as escamas que estavam turvando minha visão tivessem caído dos meus olhos, e na hora eu percebi: *Que loucura é essa que estou fazendo?!* Subitamente, enxerguei o que estava fazendo da minha vida e do meu casamento, prejudicando até meu trabalho, porque saía e voltava de madrugada, ou ia trabalhar "virado". Por pouco não perdi meu emprego e, por muito pouco, o meu casamento.

Nesse instante eu voltei a mim. Olhei para o homem que eu havia construído e como eu estava querendo destruí-lo. Na minha crise, eu me esqueci do Pai e de quem verdadeiramente eu era nEle. Logo a seguir, liguei para a minha esposa e disse que eu precisava voltar para casa. Ela me respondeu:

– Você fez uma aliança com meu pai. Quando eu tinha 14 anos, ele falou que você entrou pela porta da frente e, se um dia saísse, seria pela mesma porta. Então vamos agora para a casa dele, foi de lá que você me tirou.

Combinamos de ir para a casa dos meus sogros de madrugada mesmo. Ao chegarmos lá, por mais estranha que fosse a situação, meus sogros me receberam com um grande abraço, e ele bradou:

– Ninguém vai destruir aquilo que Deus construiu! Eu te perdoo, eu te perdoo...

Meu sogro me abraçou e nunca mais eles falaram sobre isso, além de não deixarem ninguém tocar no assunto quando surgia alguma brincadeira.

Naquele momento houve novamente um resgate da parte de Deus para comigo, aos 38 anos, e o início de um processo de reconstrução, de formação da minha identidade espelhada em quem realmente eu sou: Christiano, filho amado, aceito e aprovado por Deus.

CAPÍTULO 12

O MILAGRE

Aqueles dias desafiadores tinham sido superados por mim e minha esposa e estávamos bem, porém eu sentia falta de um filho, não achava que apenas eu e ela fôssemos uma família completa. Por esse motivo, tivemos uma discussão, eu dizia que desde o início do casamento ela não queria e ela dizia que nenhum dos dois queria.

Mas na verdade o que aconteceu foi que no início do nosso casamento Kamille desenvolveu lúpus, como já relatei, e a recomendação foi que ficasse no mínimo cinco anos sem engravidar. O tratamento dessa doença é feito com corticoide, e no final desses cinco anos ela estava com obesidade.

Como a mulher maravilhosa e aguerrida que é, Kamille tomou a decisão de resolver esse problema, pois o médico tinha dito que não apoiava unir o lúpus, a obesidade e a gravidez. Então ela decidiu resolver de outra forma e fez uma cirurgia bariátrica, de 119 quilos passou para 62 quilos, o que mudou sua vida e nos trouxe novamente a possibilidade de ter filhos. Porém, não aconteceu.

Uns dias antes da nossa discussão, uma pessoa nos visitou e, em determinado momento, nos disse:

– Eu vejo uma criança no colo de vocês.

No entanto, eu estava tão perturbado em relação a ter filhos, tão transtornado, que nem considerei como uma palavra profética e, quando esse amigo foi embora, eu falei:

– É claro que ele vai ver! Nós já temos 13 anos de casados e não temos filho...

Ou seja, antes do dia da discussão, esse assunto já estava me trazendo um incômodo muito grande. Poucas horas após nossa briga, precisamos visitar minha mãe no hospital. Conforme eu já contei, ela estava com câncer. Enquanto lá estávamos, Kamille sentiu uma dor muito forte logo depois do almoço e ficou achando que poderia ter sido a comida ou alguma dor da cirurgia bariátrica. De repente, quando eu vi, a Kamille estava internada no pronto-socorro do hospital.

Rapidamente nós chamamos o médico que cuidava dela, ele é ginecologista e acompanhou-a na questão do lúpus e da bariátrica. Após um ultrassom ele disse que não conseguiu ver nada, só uma massa cinzenta e que precisava operá-la para ver o que estava acontecendo. Ficamos bastante assustados. Nós tínhamos ido visitar minha mãe no hospital e de repente a Kamille teria que ser operada, aquilo era muito louco.

Reunimos a família rapidamente, Kamille fez todo o preparatório a fim de subir para o centro cirúrgico, foi encaminhada para lá e nós ficamos em oração. Apesar de ser um momento de extrema preocupação, eu senti Deus falar muito forte ao meu coração que era para eu ficar em paz, porque Ele estava cuidando de nós dois.

De repente o médico chamou a mim e minha cunhada, Danielle, e falou que precisava conversar sobre um problema:

– A Kamille está com uma hemorragia muito grande. Nós não temos noção do tamanho, só vamos saber na hora que a abrirmos. Mas há um problema: ela é sangue O negativo e não temos nenhuma bolsa desse sangue no hospital. Então nós temos dois riscos: podemos abrir a Kamille e, por não termos o sangue para repor, ela pode morrer;

ou nós podemos não abrir a Kamille, que está com uma hemorragia tão grave que pode morrer a qualquer momento.

Com toda a tranquilidade, eu disse que podiam operar. Foi a vez de os médicos se espantarem com a minha calma e convicção, até chamaram o anestesista para que eu confirmasse. Novamente eu falei que podiam operar. Depois foi a vez da minha cunhada querer confirmação, ela olhou para mim e eu repeti que podiam operar. Eu tinha uma certeza tão forte no meu coração de que Deus estava naquele momento ali com ela. Mal eu falei pela terceira vez, a assistente chegou com os olhos arregalados e disse:

– Olha, eu não sei como nem de onde, mas surgiram duas bolsas de sangue O negativo.

Espantado, o médico me olhou e falou:

– Então vamos operar.

Eu entendi que Deus já tinha feito o primeiro milagre, pois não houve explicação de como aquele sangue chegou ao hospital. A Kamille ficou horas em cirurgia e eu esperando notícias, quando finalmente o médico abriu o centro cirúrgico vi um homem cansado, preocupado e abatido, que me disse:

– Christiano, você não tem noção do que passamos agora. A Kamille entrou em choque, tivemos até que colocá-la de cabeça pra baixo para sair todo o sangue, e eu tenho uma notícia muito triste pra te dar.

Eu já fiquei esperando o pior.

– A Kamille estava grávida.

Como isso fez doer meu coração... Na hora lembrei que meu amigo disse isso e eu não acreditei.

O médico continuou:

– Ela teve uma gravidez tubária. Perdeu o bebê, perdeu a trompa direita, mas está viva. Eu nunca mais quero passar por uma situação como essa.

Ele não sabia o que eu estava vivendo, mas olhou dentro dos meus olhos e disse:

– Volta ao seu primeiro amor.

Fui tomado por um temor e internamente eu disse: *Deus, eu vou voltar ao primeiro amor*. E voltei. Caso você não saiba, essa frase é um versículo que está no livro de Apocalipse e se refere ao amor por Deus.

Em meio aos momentos difíceis, Kamille foi se recuperando. Certo dia ela me falou:

– Amor, eu já tinha tanta dificuldade pra engravidar e agora eu tenho menos uma trompa. Mas Deus é um Deus de milagres e pode realizar esse também.

Passou um período depois da recuperação dela, e quando fomos fazer meu espermograma para ver se estava tudo bem, descobrimos que havia 90% de mortalidade nos espermatozoides. Ficamos aliviados de saber que o problema não era ela, na verdade existia uma incompatibilidade entre nós, segundo as palavras do médico. A partir dessa descoberta, Deus começou a trabalhar em nosso coração, trazendo uma esperança muito grande.

Depois de um ano praticamente, veio a nossa primeira filha, a Laís – nascida de improbabilidades tanto minhas quanto da Kamille – a mulher que teve lúpus, obesidade, passou por uma cirurgia bariátrica, teve dificuldade para engravidar, entrou em choque por causa de uma hemorragia que quase lhe custou a vida e deixou-a com uma trompa a menos; mas não deixou de crer no Deus de milagres. E Ele nos presenteou com a Laís, que chamamos carinhosamente de "o milagre de amor"! Eu fiz uma canção linda para ela: *Laís, um milagre de Amor*, pois seu nascimento contrariou todas as possibilidades.

Deus não parou por aí, dois anos depois veio a Sara, nossa princesinha. Eu apelido as duas de Branca 1 e Branca 2 porque, quando a Laís nasceu, tirei foto e reparamos que ela era muito branquinha; na vez da Sara, eu não tirei porque a cena era repetida, elas nasceram iguaizinhas, tive um *deja vous* e não consegui fotografar a Sarinha (risos). O que importa é que as duas são maravilhosas!

Nessa época eu ainda não tinha o sobrenome do meu pai, apesar de já estar convivendo com ele há quase dois anos. Mas Deus faz tudo perfeito e de forma milagrosa. Um dia eu expressei para a Jamile o que estava em meu coração:

– Eu queria muito que as minhas filhas tivessem o sobrenome do meu pai.

A minha irmã se prontificou a conversar com ele para fazer meu registro e pôr o nome dele na minha certidão de nascimento. E assim, aos 38 anos, eu adquiri o sobrenome Storck, pelo qual sou conhecido hoje – Chris Storck. A Kamille e as meninas também ganharam o sobrenome. Recebemos essa bênção tão significativa para mim, é um presente, por isso toda vez que me apresento em palestras e eventos, faço questão de falar o sobrenome todo, Albuquerque Storck, e explico que recebi o último aos 38 anos, quando meu pai me reconheceu.

CAPÍTULO 13

CURADO PARA CURAR

u já estava convivendo com meu pai há uns dez anos, tudo ia bem entre nós e eu tinha me mudado para uma casa muito boa, enfim, vivia uma ótima fase. Certo dia recebi a ligação de um primo por parte de pai, o Júlio, dizendo que eu não iria acreditar no que tinha acabado de acontecer:

– Estou no churrasco de um casal de amigos com quem convivemos há mais de vinte anos. Ela tem um irmão que nunca tínhamos visto e que veio hoje. Eu estava conversando com ele e lhe disse pra pegar carne pro pai deles. Ele me respondeu: 'Cara, ele não é meu pai'. Nisso, todo mundo parou pra ouvir e ele contou: 'Eu não conheço o meu pai, só sei que ele chama Odilon, é dentista e mora em Vitória'. Ele é seu irmão, Chris!!!

Fiquei impactado e imediatamente desejoso de conhecer o Leandro.

Assim, meu primo passou meu contato para o Leandro, nós nos aproximamos e passamos a conversar. Não havia dúvidas de que ele é filho do meu pai, os traços físicos são facilmente reconhecíveis, mas, embora eu quisesse fazer a integração dele na família como a Jamile fez comigo, não tinha coragem de fazer a ponte entre os dois. Afinal, depois de uma vida de rejeição, eu me relacionava com meu pai e tudo ia bem entre nós. Eu não queria pôr tudo isso em risco. E não contei. Convivia com o Leandro, falava do nosso pai para ele, mas não o contrário. Assim passaram-se três anos.

Um dia, durante meu momento devocional, li o texto bíblico que fala sobre a mula de Balaão e senti Deus falar comigo que o texto era para um amigo, o Abraão. Na hora eu pensei: *O que o Abraão tem a ver com essa história?!* Porém, mesmo achando estranho, obedeci e liguei para ele:

– Abraão, faz seis meses que não nos vemos, mas eu estava lendo um texto aqui e Deus falou muito claramente ao meu coração que essa palavra é pra você. Entenda bem, eu serei apenas como a mula de Balaão na sua vida. Deus já te avisou três vezes sobre algo que você está querendo fazer e não é para fazer. Ele está me mandando dizer que está com uma espada desembainhada na sua frente e vai te cortar a cabeça. Além disso, Deus me disse que você vai ficar chateado (como Balaão, que bateu na mula) e não vai mais querer conversar comigo.

Ele só respondeu:

– Tá bom, Christiano.

E desligou.

Passaram-se 15 dias e o Abraão me ligou:

– Tudo bem? Naquele dia que você me deu a palavra, Deus me incomodou tanto que cheguei na minha empresa e reuni todo mundo: 'Quero saber quem está em pecado aqui porque Deus falou que vai passar a espada no meu pescoço, e eu não estou em pecado!' Ninguém se manifestou. Mas a verdade é que mais tarde eu iria ao cartório para me divorciar, minha esposa já tinha falado que eu não estava fazendo o que é certo, mas eu insisti. Quando chegamos ao cartório, a atendente disse que o sistema estava com problema e era para voltarmos dali a 15 dias. O que aconteceu foi que nesse intervalo participamos de um encontro de casais e nos reconciliamos. Aquela palavra foi uma salvação pro meu casamento.

Até aqui tudo bem, é o tipo de situação que pode acontecer entre os cristãos, mas agora vem a doideira dessa história.

Eu fiz uma postagem no Instagram, falando sobre um encontro espiritual que aconteceria na fazenda do meu sogro. Uma pessoa me enviou uma mensagem no direct, dizendo que gostaria de saber mais sobre o evento. Mandei meu contato para ela. Para minha surpresa, ela respondeu: *Você não tem ideia do que está fazendo*. Depois ela me ligou:

– Eu estava no encontro de casais e ouvi o testemunho do Abraão e da esposa acerca da experiência da palavra sobre a mula de Balaão, em que você foi usado por Deus. Mas estou te ligando porque sou a irmã do seu irmão Leandro. Meu nome é Janaína, sou amiga do Júlio, seu primo.

E me contou um pouco da história do Leandro.

Eu senti um temor muito grande por causa da articulação que Deus fez para que eu sentisse responsabilidade de falar do Leandro para o meu pai. Em uma conversa com um amigo, o Eduardo, contei para ele o caso do Leandro e o quanto eu estava inseguro em contar para o meu pai e ser rejeitado novamente. Como sempre, o Eduardo me incentivou a tomar uma decisão. Assim, tomei coragem e liguei para o meu pai, contando tudo.

Ele não acreditou e negou, mas eu afirmei que o Leandro é filho dele, sim. Depois meu irmão pediu o contato do nosso pai e eu passei, dizendo para eles resolverem entre si.

O Leandro mandou uma mensagem e meu pai não respondeu, porém a Aglaés leu e pouco tempo depois, quando a Jamile veio ao Brasil, revelou à minha irmã o novo fato que traria mais uma mudança para a família. Quando a Jamile ia embarcar de volta para os EUA, eu a encontrei no aeroporto, pois estava chegando de viagem. Ao me ver, ela logo disse:

– Tenho uma bomba: você tem mais um irmão.

Eu respondi que sabia e contei como as coisas tinham se desenrolado. Incisiva, Jamile afirmou que, se o Leandro era filho, meu pai teria que assumir.

Dias depois, fizemos uma reunião por videoconferência: eu, Jamile e Brian. Conversamos bastante e decidimos que seria melhor o Leandro fazer teste de DNA. Confirmado o resultado, nós o introduzimos na família.

Recentemente eu o convidei para ir a um jantar da Adhonep em Vitória, mas antes nós passamos na casa do nosso pai. Para nossa surpresa, Jamile estava lá, vinda dos Estados Unidos com a minha sobrinha Sofia, foi o primeiro encontro deles dois. Seguimos os três para o jantar.

Em tais eventos eu falo sobre o amor de Deus e conto meu testemunho de como Ele nos conectou e uniu como família e sempre cito a Jamile e o Leandro. Portanto, foi um sentimento indescritível poder apresentá-los nesse dia e gerou uma alegria e emoção generalizadas. No final desses encontros, fazemos um apelo e chamamos à frente quem quer aceitar Jesus como Senhor e Salvador. Para minha surpresa, o número de pessoas chorando e se convertendo dessa vez foi maior, um sinal de que Deus usa nossas dores passadas para agir nas dores presentes de outras pessoas; participar desse resgate é poderoso.

A restauração nas nossas famílias é muito gratificante e nos enriquece de modo tão tremendo que me propus a contá-la em livro para que outras famílias sejam tocadas e restauradas pelo amor e o perdão de Deus. Filhos que sofrem com a ausência dos pais e que podem superar com a cura trazida pela paternidade de Deus, como aconteceu comigo, pois Ele é pai e Ele cuida. Pais que vivem à sombra da culpa por não terem assumido os filhos ou não fazerem parte da vida deles emocionalmente. Irmãos que podem encontrar apoio uns nos outros. Quantos filhos rejeitados existem, quantos pais carregam grande culpa por muitos anos, talvez achando que não há mais conserto para os seus erros?

Essa foi a motivação que me levou a escrever este livro. Eu vi a mão de Deus em todo esse processo, Ele é especialista em milagres e em resgatar e usar os improváveis. Sou uma prova disso. Não estou falando de religião, mas de intimidade com o Pai. Tenho vivido a paternidade de Deus e experimentado milagres desde a minha conversão, mesmo não tendo tido um pai durante meu desenvolvimento, o que poderia ter deturpado o meu olhar sobre Deus, como vejo acontecer com muitas pessoas.

Quando ouvi, naquela reunião do Carioca, que Deus é pai e Ele cuida, eu me lancei nos braços dEle como uma criança com medo na beira da piscina cujo pai estica os braços e diz: "Pula!" A criança confia tanto no pai, que ela pula. Quem vivenciou a ausência da paternidade pode ter dificuldade de acreditar em Deus: até entrega para Ele alguma situação adversa ou dolorida, mas pega de novo para si; fala que confia, mas quer fazer na força do próprio braço. Existem cristãos que veem Deus como Senhor, Criador, amigo, mas como Pai é mais complicado.

Se você teve problemas sérios com seu pai pela presença ou ausência traumática dele, saiba que o Pai está de braços estendidos e se lance nesse abraço que acolhe e cura.

VIDA COM PROPÓSITO

O ano era 2017, um período extremamente desafiador e marcante para mim por acontecimentos que novamente alterariam o rumo da minha vida. Três fatos principais se destacaram, moldando minha jornada de maneira inesperada.

O primeiro foi a perda da minha mãe para o Alzheimer, situação que gerou uma profunda reflexão em mim. Ao longo dos anos, meu comportamento com ela revelou a minha ausência e a do carinho que minha mãe tanto necessitava. A vida toda eu acreditei, erroneamente, que o dinheiro era tudo para ela, então eu pensava que provê-la financeiramente seria suficiente. Entretanto, percebi que a simples ajuda financeira no final do mês não era uma substituição para a conexão emocional que faltava; faltou minha presença, faltou meu amor, faltou meu carinho.

Ouvia cobranças constantes por parte da minha mãe, algo que hoje compreendo como um pedido de afeto que eu não soube atender. Minha irmã, sobrecarregada e revoltada pela minha ausência, assumiu toda a responsabilidade de cuidar da nossa mãe com dedicação e amor. Eu não aceitava a cobrança de ser mais presente porque, afinal de contas, o que eu ouvi a vida toda foi uma cobrança muito forte. Acho que de certa forma fiquei anestesiado e não soube discernir que naquele momento era de fato uma necessidade que se revelou como dolorosa verdade quando minha mãe estava à beira da morte devido ao Alzheimer.

No fundo eu achava que ela era responsável por eu não ter tido proximidade do meu pai. Além disso nosso relacionamento era pautado na comparação com meu irmão, como já relatei, e essas vozes muitas vezes ainda reverberavam no meu íntimo. Enfim, eram muitas dores emocionais que permeavam essa relação.

Com a maturidade, passei a ver nosso relacionamento sob outra perspectiva. Entendo que minha mãe sempre foi doente e por essa razão tinha uma visão distorcida: via em mim o marido que ela não teve e a ausência do filho que faleceu, o que lhe trazia muita dor e sofrimento.

Assim, num período crucial, talvez o mais importante em termos da minha presença, eu me acovardei, me afastei e durante muito tempo sofri inúmeras consequências desse desamor ou desafeto para com minha mãe. Até que, no leito de morte, já numa situação bem difícil, houve um momento junto a ela quando tive a oportunidade de abraçá-la, de orar com ela, pedir perdão e compartilhar um tempo ao seu lado – ainda que permeado pela extrema aspereza por parte da minha irmã, que entendo perfeitamente, por razão da minha ausência e insensibilidade, causando-lhe muita dor.

Poucos meses depois minha mãe faleceu, marcando o ano com um luto intenso.

O segundo fato significativo foi a oportunidade de viajar para os Estados Unidos, um grande e antigo sonho planejado há muitos anos. O plano era encontrar minha irmã Jamile em San Diego, onde ela mora, e também meu irmão Brian, que estava de férias nos Estados Unidos, e termos um momento extraordinário em família.

Contudo, na reta final antes da viagem, no momento de alugar o carro, descobrimos que o passaporte da nossa filha mais nova estava vencido. Tentamos solucionar a questão, mas não foi possível e, na véspera da viagem, optamos por eu viajar sozinho enquanto minha esposa aguardaria a resolução e iria depois. No fim o passaporte chegou no mesmo dia, mas Kamille achou que eu deveria ir sozinho para o encontro com meus irmãos.

Apesar da ausência da minha esposa e das minhas filhas, vivi momentos muito especiais com a Jamile e o Brian em San Diego. Um dia foi particularmente emocionante, vimos o pôr do sol no mar, em Imperial Beach, conversando sobre a nossa vida. Descobri que eu estava redondamente enganado sobre a vida deles.

Até então eu pensava que eram privilegiados por terem vivido com meu pai, por terem tido oportunidade de estudar inglês, de estudar em escola particular; enfim, achava que a vida deles era um mar de rosas, enquanto a minha era muito sacrificada. Para minha surpresa, eu soube que a ausência do meu pai era muito grande na vida deles, apesar da sua presença física pois não era efetiva, já que ele carregava o peso da culpa por ter abandonado minha mãe e a mim – não pela falta que faria a ela e sim a mim. Assim, ele não conseguiu estar plenamente presente na vida dos meus irmãos.

Ouvindo as dificuldades e os desafios que eles também tiveram que enfrentar, entendi que meus irmãos precisavam da minha ajuda tanto quanto eu de receber a paternidade. Esse tempo juntos em San Diego aumentou ainda mais meu amor por eles, gerando em mim necessidade de falar do amor de um Deus que mudou a minha vida.

Anos depois, quando finalmente conheci meu pai e os amigos dele me contaram que eu aliviei o fardo que ele carregava nas costas, entendi que a minha missão era mudar essa realidade na vida dele e da família. De fato isso tem ocorrido, nosso convívio iniciou um processo que transformou a vida de nós dois e das nossas famílias.

O terceiro fato importante em 2017 foi que experimentei uma mudança profissional. Meu curso de Direito abriu portas para promoção em minha carreira durante os 27 anos como executivo na D. Dalla e eu também fiz MBA em Gestão Empresarial, para entender de processos, mas confesso que nunca foi o meu forte – eu sempre gostei de lidar com pessoas. Percebi que, apesar dessas realizações, faltava-me um pouco mais de conhecimento sobre o ser humano, o que me levou a fazer alguns cursos.

Busquei autoconhecimento, conhecimento de equipe e de inteligência emocional. Em uma dessas formações, fui fortemente impactado. Era um treinamento na SBC (Sociedade Brasileira de Coaching), ministrado por Villela da Matta e Flora Victória, voltado totalmente para práticas de business.

Em um momento de visualização nesse treinamento, veio à minha mente uma frase que mexeu demais comigo: *vida com propósito*. De imediato eu pensei: *O que tem a ver vida com propósito, treinamento de coaching e business?!* Anotei no meu caderno e minutos depois, durante um bate-papo, comentei com uma *headhunter* do Sul – uma mulher com muita experiência em RH, em lidar com pessoas e em desenvolvimento humano – e ela me respondeu:

– Eu conheço pessoas; vivo à caça de pessoas. Eu vejo você como um grande campeão, alguém com talentos incríveis. Você sabe o que é vida com propósito?

– Não.

– Existem vários materiais, mas originalmente é o título de um livro do Rick Warren, você precisa conhecer. O Michael Phelps (recordista mundial de natação 37 vezes) foi muito impactado na carreira depois de ler esse livro.

Voltei desse curso, ruminando a frase na minha mente, comprei o livro *Vida com propósito* e li em quarenta dias. Esse conceito virou uma chave em mim porque daí em diante entendi que não só eu precisava trabalhar dentro da empresa, mas fazer algo maior, que pudesse alcançar mais gente. Como desdobramento dessa mudança de mentalidade, criei uma palestra com o tema *Vida com propósito* e comecei a fazê-la em todos os lugares por onde eu ia – igrejas, comunidades e associações. Ao final das palestras as pessoas sempre queriam mais e me cobravam. Por isso fiz um programa chamado *12 passos para uma vida com propósito*, baseado no "download" que Deus me deu sobre como impactar a vida das pessoas, ensiná-las a sonhar, a se perguntar se elas se acham vítimas das circunstâncias e o que a vida é para elas.

Assim, comecei a fazer esses treinamentos, impactando primeiramente minha própria equipe e decidi que, caso eles quisessem, faríamos encontros semanais gratuitos sobre inteligência emocional, após o horário de trabalho. Eles toparam. Seis meses depois, tirei férias e uma supervisora ficou no meu lugar na filial onde eu trabalhava. Quando voltei, ela me perguntou o que eu tinha feito com a equipe porque o clima organizacional era outro, as pessoas e a energia estavam diferentes. Expliquei que fiz um treinamento de inteligência emocional com eles.

Isso reverberou para toda a empresa e me vi com forte desejo de realizar os treinamentos para todos os líderes da empresa. Quando percebi, estava atendendo como um *coach*. Descobri outros cursos de inteligência emocional, como o da Febracis (do Paulo Vieira), que mudou totalmente meu "drive". Através do Paulo Vieira eu conheci o Pablo Marçal, com o qual faço o curso do *O Pior Ano* e *O Jogo da Vida*. E este livro, como já contei, foi escrito inicialmente como um desafio proposto em um desses cursos.

Em 2020 outro acontecimento mudou novamente toda minha perspectiva. Eu estava morando em um lugar maravilhoso, para mim era uma mansão, estava sendo uma experiência surpreendente e extraordinária, especialmente para quem passou pelo porão (sim, não me esqueço rsrs). Eu estava no ápice da minha carreira, tinha feito uma inauguração linda na qual pessoas importantes da cidade discursaram naquela unidade da D. Dalla que demorou anos para ser construída e nessa festa o que mudou meu "drive" foi descobrir que:

O bom é inimigo do ótimo, que é arqui-inimigo do extraordinário! E comecei a querer uma vida extraordinária.

Eu me perguntava o que estava acontecendo: *Eu tenho o emprego com o qual sempre sonhei; eu tenho o carro dos meus sonhos; eu tenho a família completa com que sonhei; eu tenho a casa dos sonhos...* Apesar de todas essas conquistas, isso não impactava mais meu coração, não despertava a mesma paixão de antes, ele ardia por algo que eu não entendia e precisava descobrir. Até que me lembrei da oração que fiz aos 18 anos, quando alguns amigos foram para o seminário ou as missões, e eu disse para Deus:

– Eu não vou fazer isso. Eu quero ter um bom emprego; eu quero ter uma boa casa; eu quero ter uma família; eu quero ter carro; eu quero fazer uma boa faculdade... Mas se um dia o Senhor me pedir tudo isso, eis-me aqui.

Então compreendi o que eu não estava entendendo. Deus queria mais de mim, que eu entregasse a mensagem que Ele tinha colocado no meu coração, algo muito forte: *todos os momentos da minha vida tiveram um propósito.* Em outras palavras, todas as dores e os sofrimentos que passei podem ser bálsamo para outras vidas. Entendi que eu teria um ministério, mas não tinha ideia de por onde começar, sabia apenas que precisava tomar uma decisão.

Durante a pandemia, no período em que as pessoas estavam se isolando, meu sogro – um advogado com muitos bens – ligou para a minha esposa:

– Fala com o Christiano que eu quero que ele suba e traga o quadriciclo pra conhecer cada canto desta fazenda, porque meus amigos estão morrendo e eu não sei o que pode acontecer.

Isso virou uma chave no meu coração, entendi que naquele momento eu tinha que tomar uma decisão porque meu sogro precisava de mim.

No dia seguinte liguei para ele:

– Olha, algo vem ardendo no meu coração. Eu estou muito bem na empresa, mas sinto que já cumpri meu papel lá. Deus está me chamando para algo maior, que Ele preparou antes da fundação do mundo, um projeto pra eu executar, mas não sei por onde começar. Só sei que preciso tomar uma decisão e que estarei com você nesse projeto. Vou ligar agora pro dono da empresa e pedir pra sair.

– Você tem certeza do que está fazendo?

– Sim.

– Então fica tranquilo, eu estou junto com você.

Um pouco ansioso, peguei o telefone e falei para o Ronaldo:

– O meu sogro precisa de mim. Eu sinto que já cumpri o meu papel na sua empresa e fui fiel em tudo o que fiz, tenho uma história aí e sei que estou no auge da minha carreira.

Surpreso, ele me perguntou se eu tinha certeza e disse que, por ser motivo familiar, não me deixaria desamparado, me mandaria embora para eu receber todos os direitos, conforme já relatei. Depois me questionou:

– Só preciso saber se você tem alguém preparado para te substituir.

– Eu tenho três pessoas.

E expliquei quem eram e o perfil de cada um. Ronaldo disse que depois de escolher me ligaria.

Quando desligamos, eu fiquei nervoso, pensando: *Que loucura é essa que estou fazendo, meu Deus!* Em seguida me lembrei de um autor que fala sobre marketing digital e certa vez contou que estava realizado, trabalhando em uma agência bancária em Londres, tudo ia muito bem. Mas começou a sentir algo no coração e tomou a decisão de sair de lá. Numa sexta-feira ele conversou com o gerente, avisando que queria sair da empresa. Passou o fim de semana remoendo sua atitude e na segunda-feira pediu para o gerente desconsiderar, disse que tinha surtado, porém o chefe não aceitou, disse que agora ele ia em frente na decisão.

Essa lembrança me abalou por um tempinho, mas não liguei para o Ronaldo, eu me mantive firme. Fiquei lá mais dois meses, porque me dispus a permanecer pelo tempo necessário para que fosse feita a transição. Saí de cabeça erguida, com a certeza de que fiz história ali e muita gratidão pela oportunidade que me deram. Contudo, entendi que era hora de viver algo novo.

E assim eu abri mão dos 27 anos na empresa, depois de cinco anos como gerente, e abri mão da minha mansão (pela qual eu tinha muita alegria). Interessante que, antes de decidir sair daquela casa, quando eu pensava nela, sentia Deus falar ao meu coração:

– Essa não é a mansão que eu quero pra você agora, e sim a mansão celestial, muito maior do que você sempre sonhou e pediu. Eu vejo multidões te seguindo.

Deus começou a gerar sonhos no meu coração, não mais sonhos materiais e sim de atingir pessoas com uma mensagem. Quando dei por mim, estava em grandes eventos, em ginásios, entregando a mensagem da cruz e de tudo o que vivi e tenho vivido. Entendi que a vida com propósito só faz sentido verdadeiramente se eu entregar tudo o que tenho, para viver o extraordinário de Deus.

Hoje eu tenho uma imobiliária e a minha esposa é dona de uma cafeteria em Cachoeiro de Itapemirim/ES. Além disso, possuo uma empresa de treinamento chamada ELEVA.ME e sou preletor internacional da Adhonep.

Também sou palestrante, ou seja, entrego ao mundo a mensagem que Deus fez arder em meu coração. Recentemente fui a diversos lugares pelo Brasil e depois tive o privilégio de ser preletor por 11 minutos em um grande evento no qual fiz *high five* com ninguém menos que o Benny Hinn – logo eu, o menino que saiu do porão para a mansão e que abriu mão dela porque a mansão que Deus tem é muito maior, já que pode impactar e transformar a vida das pessoas. E todas as vezes que eu alcançar lugares maiores, que Ele cresça e eu diminua.

Se eu pude, você também pode sair do porão, emocional e literal, para a mansão e realizar os propósitos que Deus preparou para você. Basta sair do que é sua condição e passar a viver de decisão.

Este livro não chegou à sua mão por acaso e sim por um objetivo. Como tenho dito no decorrer do livro, eu acredito em uma vida com propósito, acredito que o que Deus nos entrega em momentos difíceis da nossa vida será bálsamo para outras pessoas. *Curados para curar.*

Eu me entreguei e me entrego diariamente para que Deus me use a fim de levar este projeto adiante, e agora você faz parte dele. Por isso deixo a você a oração que fez com que Deus mudasse toda a minha história:

> Deus, eu reconheço que sou pecador, eu reconheço que o Senhor tem um plano de salvação e, para cumpri-lo, enviou Jesus para morrer em meu lugar. Eu aceito Jesus como meu único e eterno Salvador. Por isso entrego a minha vida, a minha família, os meus negócios em Tuas mãos. Faz de mim, Pai, alguém que vai falar do Teu reino, ser usado para proclamar as Tuas misericórdias e que, em nome de Jesus, eu e Teus filhos venhamos a despovoar o inferno e povoar o céu.

Na eternidade eu sou conhecido como Chris Storck, pai de muitos, e eu declaro sobre a sua vida que você também será chamado pai de muitos, porque a bênção da paternidade que está sobre a minha vida eu declaro sobre a sua vida. Receba agora, em nome de Jesus!

Sou grato a Deus pela sua vida, porque Ele irá impactar a vida de muitos através da mensagem que você já carrega aí dentro.

Um beijo do Chris Storck e nunca se esqueça: tenha sempre uma vida com propósito!

Tchaaaau!!!

Esta edição foi impressa em formato fechado
160x230mm e com mancha de 100x170mm.
O texto foi composto em Lora 12/18pt
e os títulos em Big Shoulders 60/60pt.

OUTUBRO DE 2023